示范校重点专业建设成果教材
职业教育技能型实用人才培养系列规划教材

QICHE BANJIN YU

汽车钣金与美容

MEIRONG

主　编　罗宏亮　张　余
副主编　杨　杰　匡　鹏

西南交通大学出版社
·成　都·

图书在版编目（CIP）数据

汽车钣金与美容 / 罗宏亮，张余主编. —成都：西南交通大学出版社，2018.9
示范校重点专业建设成果教材　职业教育技能型实用人才培养系列规划教材
ISBN 978-7-5643-6423-6

Ⅰ. ①汽… Ⅱ. ①罗… ②张… Ⅲ. ①汽车－钣金工－职业教育－教材②汽车－车辆保养－职业教育－教材 Ⅳ. ①U472

中国版本图书馆 CIP 数据核字（2018）第 209957 号

示范校重点专业建设成果教材
职业教育技能型实用人才培养系列规划教材
汽车钣金与美容

主编　罗宏亮　张　余

责任编辑　罗在伟
封面设计　何东琳设计工作室

出版发行　西南交通大学出版社
（四川省成都市二环路北一段 111 号
西南交通大学创新大厦 21 楼）
邮政编码　610031
发行部电话　028-87600564　028-87600533
网址　http://www.xnjdcbs.com
印刷　四川森林印务有限责任公司

成品尺寸　185 mm × 260 mm
印张　12
字数　253 千
版次　2018 年 9 月第 1 版
印次　2018 年 9 月第 1 次
定价　36.00 元
书号　ISBN 978-7-5643-6423-6

课件咨询电话：028-87600533
图书如有印装质量问题　本社负责退换

市级中职示范校重点专业建设
教材编写委员会

总　序

近 5 年来，国家先后颁布了《国务院关于加快发展现代职业教育的决定》（国发〔2014〕19 号）、《国家教育事业发展“十三五”规划》（国发〔2017〕4 号）、《国务院办公厅关于深化产教融合的若干意见》（国办发〔2017〕95 号），重庆市为贯彻落实国家颁布的相关政策文件，特制定了《重庆市人民政府关于加快发展现代职业教育的实施意见》（渝府发〔2015〕17 号）等政策文件，大力推进职业教育改革发展。

为积极响应国家政策，更好地适应重庆经济转型和产业结构调整的需要，2014 年，重庆市教委、市人力社保局、市财政局决定实施市级中等职业教育改革发展示范学校建设计划，2014—2016 年，在全市范围内重点支持建设不超过 30 所市级中等职业教育改革发展示范学校。项目学校通过人才培养模式改革、专业课程体系建设、校企合作、师资队伍建设等，促进学校改革创新、内涵发展，成为全市中等职业学校改革创新的示范、提高质量的示范、办出特色的示范，在中等职业教育改革发展中发挥引领骨干和辐射作用，为经济社会发展培养高素质劳动者和高技能技术人才。

2016 年 8 月，重庆市公共交通技工学校成功申报为市级中职示范校项目建设学校。经过两年的建设，在课程改革和教材建设上取得了可喜成绩，为进一步总结经验，固化成果，特组织骨干教师编写了 20 余门系列优质课程配套教材，并交由西南交通大学出版社审核出版。

本系列教材是在相关企业专家的悉心指导以及参与下完成的。教材以强化学生职业能力和培养综合素质为主线，以工作过程为导向，以典型工作任务和生产项目为载体，立足行业岗位要求，参照相关职业资格标准和行业技术标准，遵循中职学生成长规律、中职教育规律和行业生产规律进行开发建设。教材按照项目导向、任务驱动、模拟情境等教学模式要求，构建学习任务单元，注重学生可持续发展能力、创新能力、综合技术能力的培养，具有典型的工学结合特征。

本系列教材是重庆市公共交通技工学校不断深化教学改革的结果，更是市级中职示范校建设的一项重要成果，其中凝聚了各位编审人员的大量心血与智慧，也凝聚了众多行业专家的智慧。同时，在编写过程中得到了有关兄弟院校的大力支持，在此一并表示诚挚感谢！希望该系列教材的出版能有助于促进中职相关专业人才培养质量的提高，能为交通运输类职业院校的教材建设起到积极的引领和示范作用。本系列教材涉及专业面广，加之编者对现代职业教育理念的学习和认知仍需不断地改进和提高，书中难免存在不妥之处，恳请专家、同行不吝赐教，以促使我们不断提高教材编写的质量和水平。

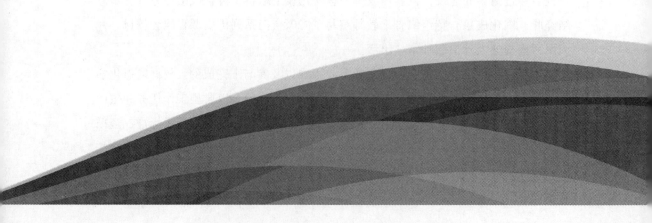

李 灿

2018 年 5 月

前 言　PREFACE

近年来，汽车工业作为国家战略性产业，得到了快速发展。截止 2017 年底，我国机动车保有量已经达到 3.1 亿辆，汽车后服务市场对汽车钣金技术和汽车美容技术人员产生了大量需求。为满足市场对汽车钣金与美容技术人才的需求，深入贯彻《国务院关于加快发展现代职业教育的决定》（国发〔2014〕19 号）和全国职业教育工作会议精神，加强优质职教资源建设，我们按照职业教育发展改革要求，结合市场人才需求特点，以突出学生能力为本位，特编写本教材。

本教材是重庆市公共交通技工学校示范校重点建设专业汽车维修专业建设成果之一。本书总结学校多年专业教学经验，结合行业企业对汽车钣金与美容技术人才的岗位职业能力要求，以汽车钣金维修为基础，兼顾汽车美容作业内容，教学内容紧贴实际工作岗位的具体需要，以任务为驱动，文字简洁、图文并茂、形式生动，容易激发学生学习兴趣，提高学习效果，让学生在不断积累理论知识和提高实践能力的同时，逐步完成从知识入门到技能掌握的过程，实现学生职业心理角色的转换。

本书由重庆市公共交通技工学校罗宏亮担任第一主编，四川省宜宾市职业技术学校张余担任第二主编；重庆市第二交通技工学校杨杰、重庆市公共交通技工学校匡鹏担任副主编；肖应刚、重庆嘉高汽车有限公司郭川参与编写。主要包括钣金工具及设备的认知和使用、汽车车身结构认知、汽车车身典型部件拆装与修复、汽车车身测量、汽车车身的美容与装饰、汽车玻璃美容与装饰等七大项目总计二十二个典型工作任务。

本教材在编写过程中得到了重庆公共交通控股（集团）有限公司的大力支持，同时参考了大量的书籍、论文等文献资料，并引用了一些研究成果，在此对撰写这些文献资料的专家和学者表示深深的谢意。由于工作疏忽或者其他转载的原因，有一些引证参考资料未列明出处，若有此情况，在此表示十分的歉意。

本教材主要适用于汽车钣金及美容教学用书及自学教材，也可用于职业院校汽车应用与维修方向教学参考书。

限于编者水平，书中难免有疏漏不当之处，敬请广大学校师生提出宝贵意见和建议。

编　者

2018 年 5 月

目 录 CONTENTS

项 目 一

钣金工具及设备的认知和使用

任务一　钣金手工工具的使用

任务描述

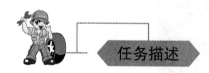

所谓“工欲善其事，必先利其器”。在车身钣金维修中，各类工具的操作非常重要。因此，能够正确地使用各类钣金工具，对整个钣金工艺质量起着巨大的作用。钣金工具通常分为手工工具和动力工具两大类。

任务目标

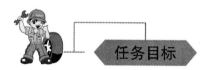

（1）能够认识熟悉钣金手工工具。
（2）能够正确使用钣金手工工具。

任务学习

一、通用工具

1. 扳　手

扳手是用来拆装各种螺栓的工具，如图 1-1-1、1-1-2、1-1-3 所示。

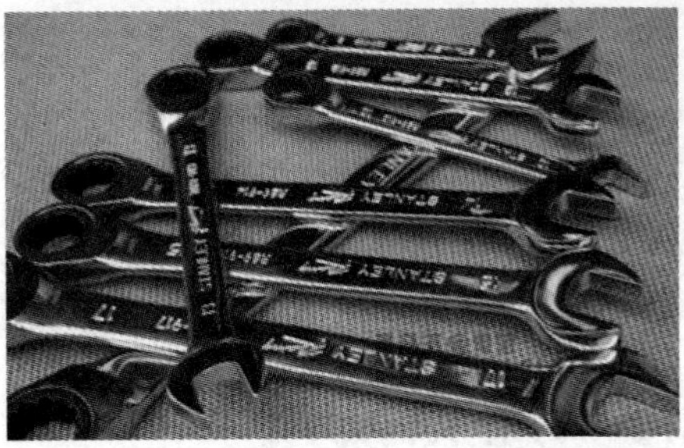

图 1-1-1　双头扳手

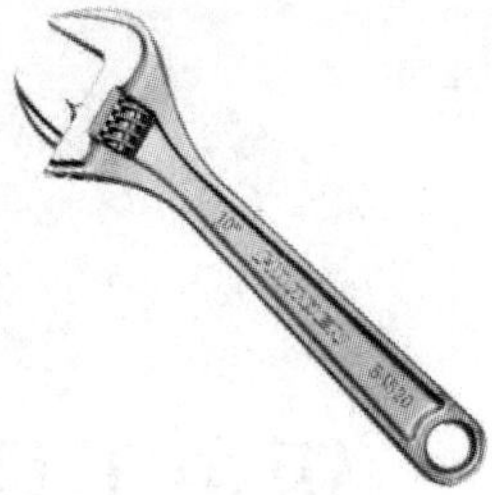

图 1-1-2　活动扳手

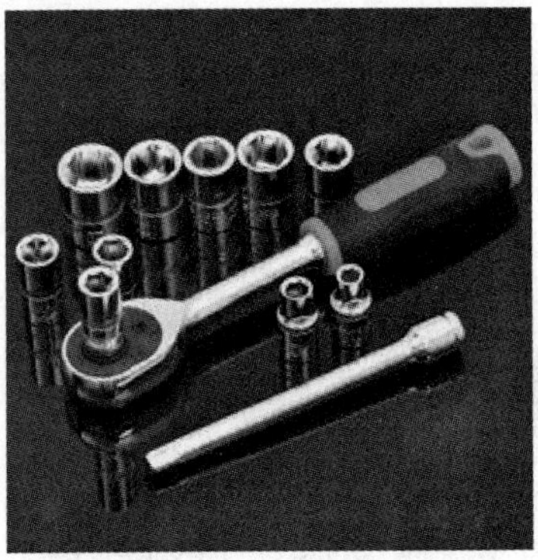

图 1-1-3　棘轮扳手

2. 螺丝刀

螺丝刀是用来拧一字或十字头螺丝的工具，如图 1-1-4 所示。

3. 钳　子

钳子是用来夹持、固定加工工件或者扭转、弯曲、剪断金属丝线的手工工具，如图 1-1-5 所示。

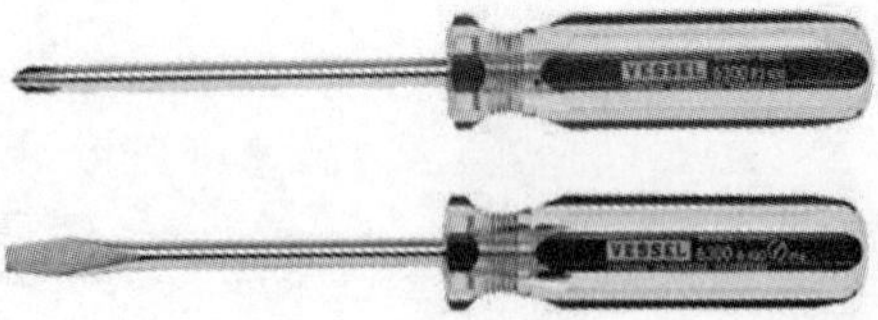

图 1-1-4　螺丝刀

图 1-1-5　常见的几种钳子

4. 铁　剪

铁剪是用来剪切分割金属板材的双刃工具，如图 1-1-6 所示。

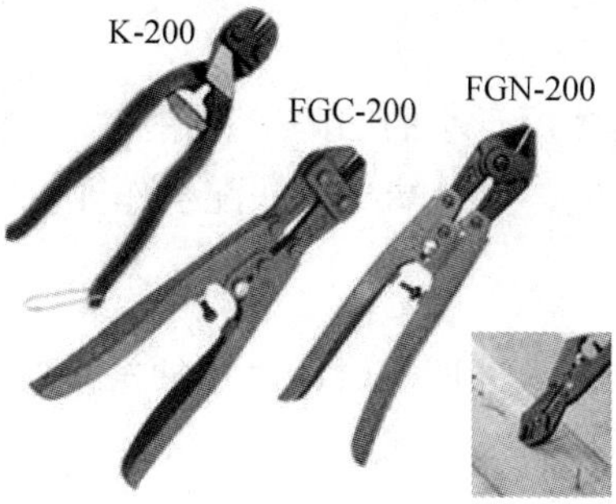

图 1-1-6　铁剪

二、专用工具

1. 大力钳

如图 1-1-7 所示，大力钳是用来夹持定位，更换板件，或在严重打滑的紧固件上，扳手和套筒已不起作用的情况下，可用于夹紧起辅助作用。

2. 顶　铁

如图 1-1-8 所示，通常用顶铁顶在锤敲击金属板的背面。用锤和顶铁一起作业可使凸起的部位下降，使低凹部位上升。

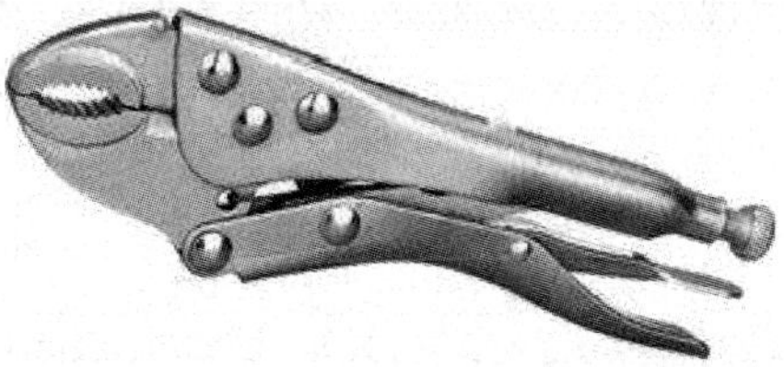

图 1-1-7　大力钳

图 1-1-8　顶铁

3. 球头锤

如图 1-1-9 所示，球头锤是钣金作业的多用途工具，可用于校正弯曲结构，也可用于作业初步成形的车身部件。

4. 橡胶锤

橡胶锤多用于柔和地敲击薄钢板，如图 1-1-10 所示。

图 1-1-9　球头锤

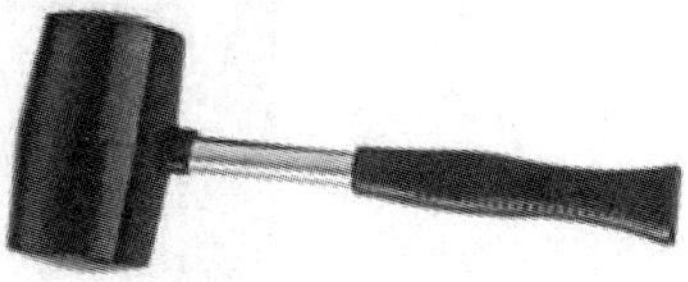

图 1-1-10　橡胶锤

5. 镐 锤

如图 1-1-11 所示，镐锤多用于小的凹陷，利用其尖端将凹陷部位从内部锤出，对中心柔软部位柔和地轻打即可，其平端与顶铁配合作业可除去高点和波纹。

6. 冲击锤

如图 1-1-12 所示，在维修大的凹陷时，可用冲击锤对凹陷板面进行初始的校正，或用于加工内部板件。

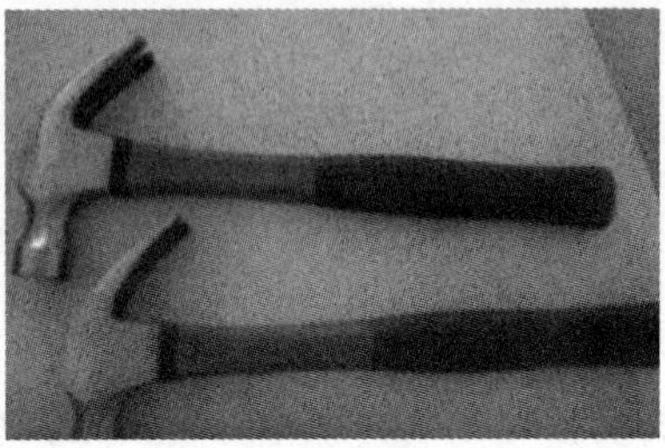

图 1-1-11 镐锤

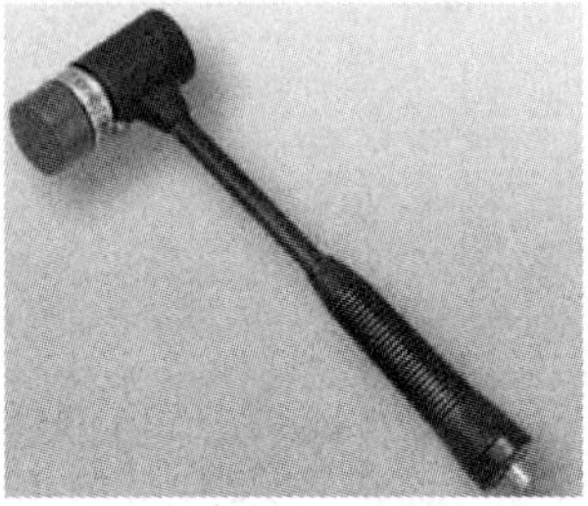

图 1-1-12 冲击锤

7. 精修锤

如图 1-1-13 所示，用冲击锤修复凹陷之后，需要用精修锤轻敲以便得到最后的外形。

8. 匙形铁

匙形铁具有多种形状和尺寸，可与不同的板面形状匹配使用，如图 1-1-14 所示。

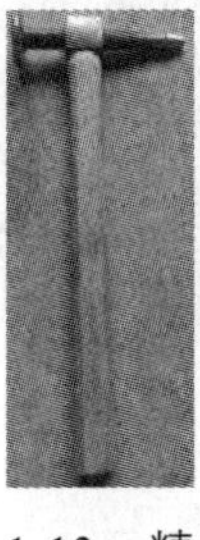

图 1-1-13 精修锤

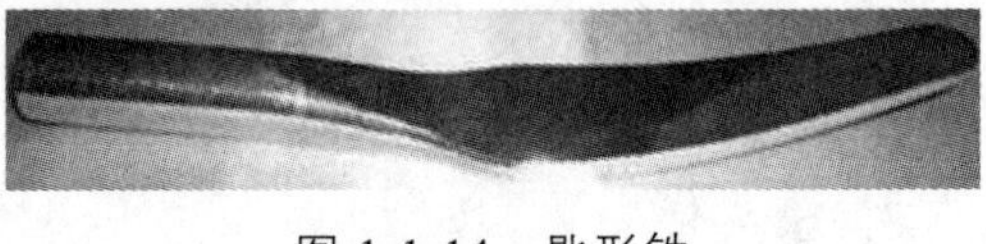

图 1-1-14 匙形铁

9. 撬 具

撬具具有不同的长度和形状，用于进入有限的空间，撬起凹点，如图 1-1-15 所示。

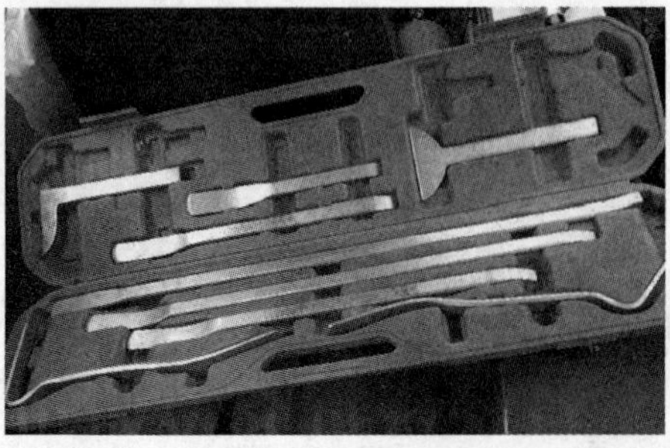

图 1-1-15 撬具

10. 打　板

用于修复筋线部位，修出来的筋线又直又板，如图 1-1-16 所示。

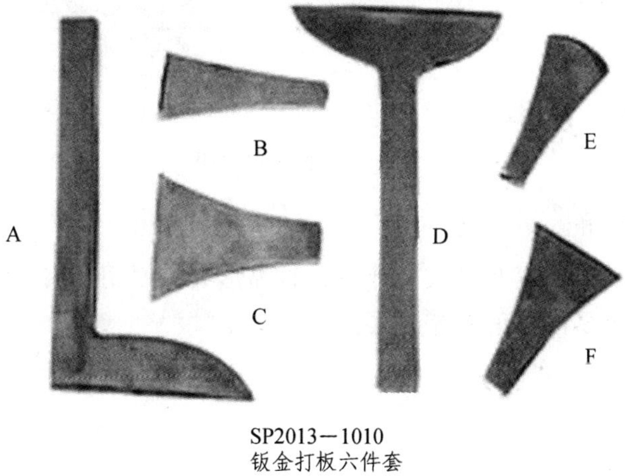

图 1-1-16　打板

任务准备

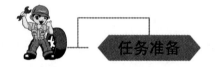

（1）场地：理实一体化教室。

（2）器材：钣金手工工具。

任务训练

一、大力钳

1. 大力钳的分类

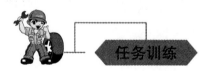

常用大力钳有扁嘴形大力钳、C 形大力钳、直嘴形大力钳等，如图 1-1-17 所示。

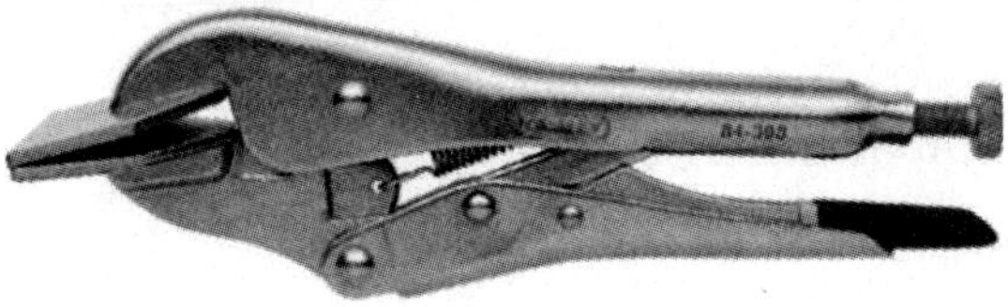

（a）扁嘴形大力钳

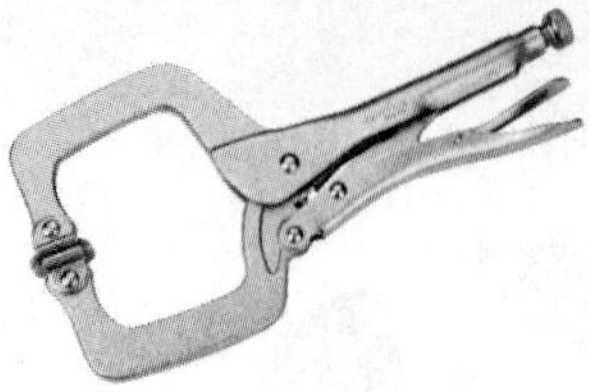

（b）C 形大力钳

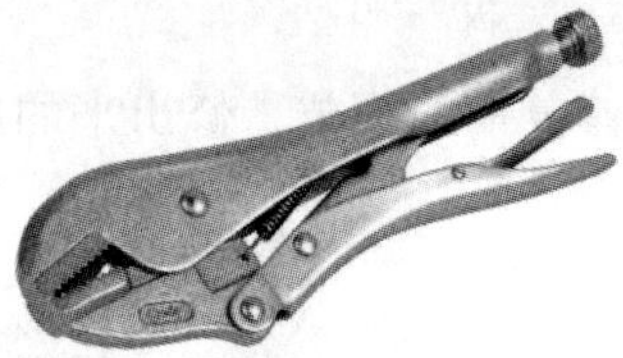

（b）直嘴形大力钳

图 1-1-17　常用大力钳

2. 大力钳的使用

扁嘴形大力钳用于夹紧车身较薄部位，直嘴形大力钳用于夹紧车身较厚部位，C 形大力钳用于夹紧小零件、角钢等部位。

二、顶　铁

1. 顶铁的分类

顶铁主要有通用顶铁、低隆起顶铁、足跟形顶铁、足尖形顶铁、卷边顶铁、楔形顶铁等种类。

2. 顶铁的使用

（1）当使用钣金锤时，经常用顶铁支撑被敲击金属，用锤子和顶铁一起作业使凸起的部位下降，使低凹部位上升。

（2）选择顶铁时，要注意顶铁的表面与面板的表面，顶铁的轮廓一定要符合损伤面板的轮廓。

（3）敲击方法有对位敲击法和错位敲击法两种。对位敲击法用来修平小而浅的凸痕或凹痕。错位敲击法用在最后矫正之前的金属板材矫正，使用时把顶铁顶在最低部位，用锤子敲击金属板材鼓起的部位。

三、锤　子

1. 锤子的分类

（1）橡胶锤：用于柔和地敲击薄钢板，不会损伤漆面。

（2）镐锤：维修小的凹陷时，利用其尖端柔和地将凹陷从内部锤出。

（3）冲击锤：维修大的凹陷时，可用冲击锤对凹陷板面进行初始的校正，或用于加工内部板材。

（4）精修锤：用冲击锤修复凹陷之后，需要用精修锤轻敲以便得到最后的外形。

2. 锤子的使用

（1）使用前擦净锤面及手柄上的油污，以免滑脱伤人。同时，检查手柄是否松动，以免使用时锤头脱出伤人。

（2）用适当的力量敲在适当的位置，手腕发力，锤子的表面一定要和面板的轮廓一致，要精准敲击且必须轻轻快速击打，并保持直角敲击。

四、匙形铁

匙形铁也叫修平刀，主要用于抛光金属表面，也可用来撬开损伤处。它的平直表面把敲打的力分布在很宽的范围内，用在折皱和隆起部位，并且当板件后面空间有限时，还可当作顶铁使用。

五、打　板

根据板件筋线的长度或弧度，选用不同的打板，力求将板件修复成原状。

六、撬　具

1. 撬具的种类

撬具有撬板和撬镐两种，如图 1-1-18 所示。

（a）撬板

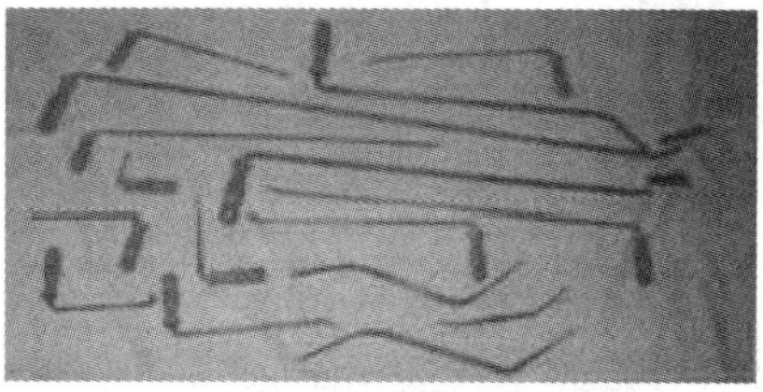

（b）撬镐

图 1-1-18　撬具

2. 撬具的使用

（1）撬板：用于撬起板件的凹陷。

（2）撬镐：用于插入受制约的部位撬起小凹陷，如车门内部。

任务拓展

手工工具安全操作的注意事项

（1）掌握工具的安全使用知识，阅读工具制造商的使用说明书并只在该工具适用的工作中使用。

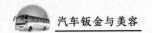

（2）工具必须保持清洁、无锈、锐利，安全有条理地放置在工具柜或工具箱内。受损或破裂的工具禁止使用。

（3）在进行任何操作时不要把尖锐的工具放到口袋里，以免刺伤自己或损坏车辆。

（4）勿将手工工具用作任何非设计规定的用途。

任务二　钣金动力工具的使用

任务描述

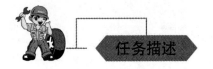

相对于手工工具，动力工具具有体积小、质量轻、效率高、性能好等优点。

任务目标

（1）能够认识熟悉钣金动力工具。

（2）能够正确使用钣金动力工具。

任务学习

动力工具按动力源主要分为气动工具和电动工具两类。

一、气动工具

1. 气动锯

如图 1-2-1 所示，气动锯只有一端装在锯身上实现锯割作业，由于没有锯弓限制，理论上切割缝可以无限延长。具有切割效率高、使用方便、对构件损坏程度小等优点。

图 1-2-1　气动锯

2. 气动砂轮机

气动砂轮机的主要作用是打磨和切割，打磨是利用砂轮盘的平面磨削工件的不平部位，如图 1-2-2 所示。

3. 气动打磨机

气动打磨机主要用于精细打磨工件表面，如图 1-2-3 所示。

图 1-2-2　气动砂轮机

图 1-2-3　气动打磨机

二、电动工具

1. 手电钻

手电钻是以电为动力的手持式钻孔工具，如图 1-2-4 所示。

2. 手提砂轮机

手提砂轮机是以电为动力的手持式打磨工具，如图 1-2-5 所示。

图 1-2-4　手电钻

图 1-2-5　手提砂轮机

任务准备

（1）场地：理实一体化教室。

（2）器材：钣金动力工具。

任务训练

一、气动工具的正确使用

1. 气动锯的使用

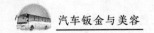

气动锯主要由锯体、气管接口、气动开关、锯条组成。气动锯在车身维修中广泛应用，尤其在汽车钣金切割方面优势明显，用量很大。气动锯条的材质大多数为双金属，也有硬质合金，齿形主要是波浪齿合侧切齿。

气动锯的操作步骤：

（1）选择合适的锯条。

（2）连接气管。

（3）切割。

在切割时要注意，若发现锯条产生振动，应立即停止切割，并对锯条紧固钉作相应松紧度的调整。

2. 气动砂轮机的使用

气动砂轮机的操作步骤：

（1）将软垫装在转轴上，用手旋至紧固即可。

（2）将砂轮片放在软垫上。

（3）用专用扳手紧固砂轮锁紧螺母。

（4）右手抓住砂轮机前面把手，左手抓住后面把手，气动开关。

（5）使砂轮片面积的 1/3 与被加工表面接触进行打磨。

3. 气动铲

以压缩空气为动力，使其内部的锤体进行往复运动，并击打铲钎，从而实现铲子对金属和汽车材料进行凿打作业。

气动铲的使用步骤：

（1）选择合适的铲头，如图 1-2-6 所示。

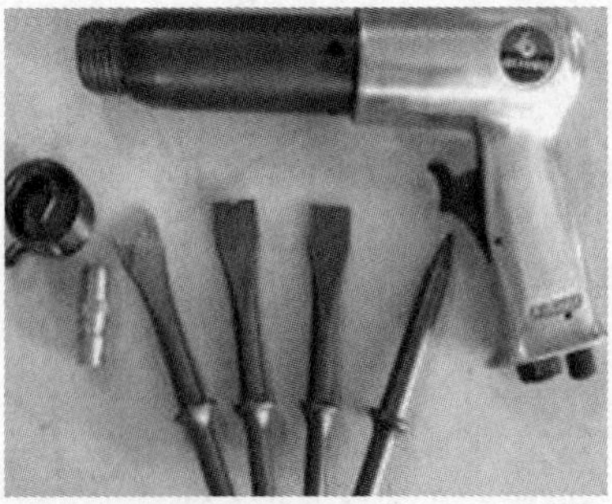

图 1-2-6　各类铲头

（2）安装铲头。

（3）安装铲头弹簧。

气动铲是由压缩空气冲击气缸内的冲击块，用冲击块冲撞气铲头，使气铲头获得一定的初速度和动能，气铲头上装有弹簧。气铲头获得的动能一部分被铲击物消耗掉，另一部分与弹簧进行能量交换，变为势能，是气铲头返回的动力。安装铲头弹簧时一定要安装稳固，否则容易发生铲头脱落的危险。

二、电动工具的正确使用

1. 电动手提砂轮机的使用

电动手提砂轮机主要用于车身修复中的除锈及焊点打磨作业，如图 1-2-7 所示。

图 1-2-7　电动手提砂轮机

电动手提砂轮机的使用步骤：

（1）安装砂轮片。砂轮片根据用途的不同分为割片和磨片，如图 1-2-8 所示。根据实际需要选择夹具的正反面进行正确安装。

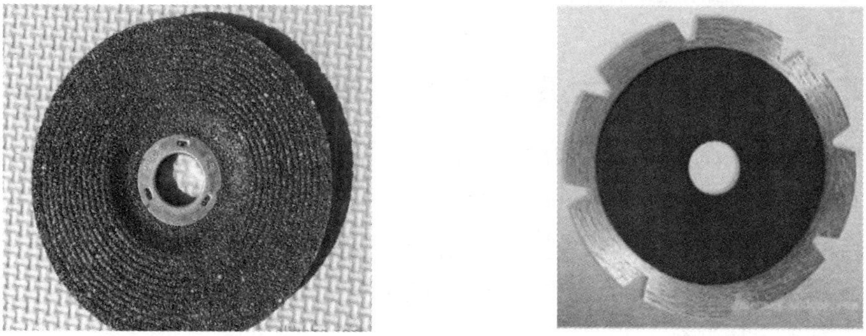

（a）　（b）

图 1-2-8　割片

（2）用专用工具拧紧夹具。

（3）根据需要，调整开关到相应的挡位。

（4）焊缝打磨，参见气动砂轮机操作部分。

2. 手电钻

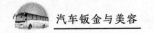

手电钻是以电为动力的手持式钻孔工具，如图 1-2-9 所示。

手电钻常采用的电源电压一般有 220 V 和 36 V 两种，其尺寸规格有若干种，在车身修复中主要用于钣金材料的钻孔。

图 1-2-9　手电钻

（1）钻头的安装。通过顺时针旋转夹头的锁紧装置可快速更换钻头，选用合适的钻头，最后用专用工具反向拧紧。

（2）做好钻孔标记。确定钻孔位置后，用撞规将需要钻孔的位置标记出来。

（3）钻孔操作。按下电源开关，并按下保险按钮进行锁定操作。

3. 电动切割机的使用

电动切割机主要由机座、工作台、电动机、锯片组成，如图 1-2-10 所示。

图 1-2-10　电动切割机

（1）精确量取工件的切割尺寸，并做好标记。

（2）将工件放到切割机相应的位置。

（3）用切割机上的锁紧装置将待切割的工件锁紧。

（4）按下切割机开关进行切割作业。

任务拓展

动力工具和设备的安全操作

（1）在对动力工具进行修理和维护前，应将工具的空气软管或电源线断开。

（2）供气的软管应进行吹洗，吹洗时不得对人，与套口连接应牢固。

（3）当用动力工具进行研磨修整时，应慢慢研磨，避免工具表面的硬化金属过热。如果研磨金属表面呈现蓝色时，会产生过多的热量使得工具表面硬化层从金属上脱落，并软化了工具的金属部分。

（4）更换工具附件，须待气管气体全部排出，压力下降后，方可进行。

（5）使用气动工具时，气源应安装气水分离器，以免浑浊空气进入，磨损机件。在操作液压机时要站在侧面，一定要戴上全尺寸面罩，防止零件飞出造成伤害。

（6）气动工具都有压缩空气压力的极限警示。

（7）在操作液压机时要站在侧面，一定要戴上全尺寸面罩，防止零件飞出造成伤害。

（8）动力工具使用时不要超出其额定功率和转速。如砂轮通常规定有每分钟的最大转数（单位：r/min），操作时应确保动力工具未超出砂轮、刷子或其他工具的极限转速，否则砂轮或刷子可能会炸开，砂轮碎片或钢丝被甩出造成人员、物品的损伤。

（9）气管不得折成锐角，遭受挤压或受到损坏时，应立即停止使用。

（10）气动工具使用过程中，沿气管方向不得站人以防气动管脱口伤人。

（11）在用动力设备对小零件进行操作时，不要一手持零件，一手持工具操作，否则零件容易滑脱，造成手部的严重伤害。在进行研磨、钻孔、打磨时一定要使用夹紧钳或台钳来固定小零件。更换工具附件，须待气管气体全部排出，压力下降后，方可进行。

（12）使用冲击性气动工具（气动锤、气动镐、气动铲、气动枪等）时，必须把工具置于工作状态后，方可通气。

（13）不准用压缩空气清洁衣物。

任务三　焊接设备认知

任务描述

汽车如发生侧翻事故，通常会导致汽车车身部件多处开裂和脱落，需要对汽车车身进行拆装焊接修复，这就需要使用一些焊接设备。

任务目标

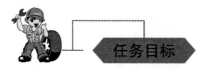

（1）能够认知熟悉各类焊接设备。

（2）能够正确使用各类焊接设备进行简单的焊接操作。

任务学习

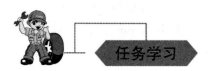

汽车车身是由各种板件连接起来的，连接的方式有机械连接，焊接和粘接等方式。

焊接在车身维修过程中应用广泛，尤其是整体式车身的维修。因为整体式车身的框架结构都是通过焊接连接起来的，在修理的过程中也要用焊接方法把修复好的板件和需要更换的板件重新焊接起来。

焊接，也称作熔接，是一种以加热方式接合金属或其他热塑性材料（如塑料）的制造工艺及技术。焊接可分为气焊、电阻焊、电弧焊、感应焊接及激光焊接等其他特殊焊接。

一、惰性气体保护焊机

惰性气体保护焊机主要用于焊接高强度、低合金钢、低碳钢车身，及焊接铸铝件，如破裂的变速器、气缸、进气管等。二氧化碳气体保护焊机是一种高效率的焊接方法，以二氧化碳气体作保护气体，依靠焊丝与焊件之间的电弧来熔化金属的气体保护焊的方法称二氧化碳气体保护焊。这种焊接法都采用焊丝自动送丝，敷化金属量大，生产效率高，焊接品质稳定。

1. 二氧化碳气体保护焊机的工作原理

二氧化碳气体保护焊即熔化极惰性气体保护焊，指用金属熔化极作电极，惰性气体（CO_2）作保护的焊接方法，简称 MIG。

相对于其他弧焊机，MIG 焊机添加了送丝机构及相应的送丝控制电路，在焊接过程中实现了半自动化，不但提高了工作效率，也减少了损耗。焊接过程中使用廉价的 CO_2 气体作保护，使得起弧容易，焊接成本低且效果好。而且送丝速度及输出电压可调节，可使两者达到良好匹配，提高了焊接品质，适用于各类焊接。

MIG 焊机的送丝方式般有 3 种：推丝式、拉丝式、推拉结合式。不同的送丝方式对送丝的软管要求各不相同。对于推丝式送丝软管一般在 2.5 m 左右，而推拉结合式的送丝软管可达 15 m，为了保证送丝稳定相应的送丝电动机和送丝控制电路都要求严格。

2. 二氧化碳气体保护焊的特点

（1）工作效率高：CO_2 的电弧穿透力强、熔深池大、焊丝熔化率高、熔敷速度快，工作效率比手工弧焊高 1 ~ 3 倍。

（2）焊接成本低：CO_2 气体是工厂的副产品，来源广、价格低。其成本只有埋弧焊和手工弧焊的 40% ~ 50%。

（3）能耗低：相同条件下，MIG 焊消耗的电能为手工弧焊的 40% ~ 70%。

（4）适用范围广：MIG 焊能焊接任何位置，薄板可焊 1 mm 厚度，最厚几乎不受限制。而且焊接薄板时，较氩弧焊速度快、变形小。

（5）抗锈能力强：焊缝含氩量低，抗裂性好。

（6）焊后无需清渣，因是阴弧，便于监视和控制，便于实现自动化。

3. MIG 焊机的焊接过程

（1）起始焊时，焊丝由送丝机送出，接触工件。

（2）焊丝与工件短路，产生大电流，使得焊丝顶端熔化。

（3）焊丝与工件间形成电弧，焊丝送出，电弧变短。

（4）焊丝再次接触工件，如此周而复始。

4. 对 MIG 焊机的一般要求

在焊接过程中，电弧不断地燃弧、短路，重新引弧、燃弧，如此周而复始，从而使得弧焊电源经常在负载、短路、空载三态间转换，因此，要获得良好的引弧、燃弧和熔滴过渡状态，必须对电源的动特性提出如下要求：

（1）焊接电压可调，以适应不同的焊接需求。

（2）最大电流限制，即有截流功能，避免因短路、干扰而引起的大电流损坏机器，而电流正常后，又能正常工作。

（3）合适的电流上升、下降速度，以保证电源负载状态变化，而不影响电源稳定和焊接品质。

（4）满足送丝电动机的供电需求。

（5）平稳可调的送丝速度，以满足不同的焊接需求，保证焊接品质。

（6）满足其他焊接要求，如手开关控制，焊接电流、电压显示功能，反烧时间调节，焊丝选择，完善的指示与保护系统等。

5. 常见缺陷及故障原因

（1）CO_2气体不纯或供气不足。

（2）焊接时卷入空气。

（3）喷嘴与工件的距离过大。

（4）焊接区表面被油、锈、水分污染未清除。

（5）电弧过长、电弧电压过高。

（6）喷嘴被飞溅物堵塞、不通畅。

二、电阻点焊机

电阻点焊机属于压焊中的一个小类，电阻点焊是对整体式车身进行焊接时最常用的一种焊机。电阻点焊机适用于车身上要求焊接强度高、不变形的薄钢板。应用范围包括车顶、车门窗、车门槛板及外部部件。电阻点焊是利用工件自身电阻，通过电极对工件加压和导通大电流，在工件接触部产生高热，进行金属熔融的金属连接方式。

1. 电阻点焊接的工作原理

电阻点焊是利用工件自身电阻，通过电极对工件施加压力和导通大电流，在工件接触部产生高热，进行熔融的金属连接方式。

2. 电阻点焊的五要素

五要素具体为电流、时间、加压压力、电流密度和电极材料。

3. 电阻点焊机的组成

电阻点焊机由变压器、控制器和带有可更换电极臂的焊枪（焊炬）等组成，如图1-3-1所示。

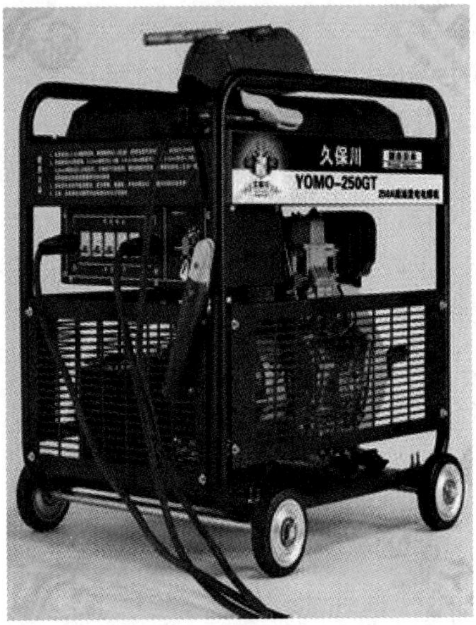

图 1-3-1　电阻点焊机

（1）变压器。变压器是将低电流、高电压 220 V 或 380 V 车间线路的电压转变成 2 ~ 5 V 低电压、高电流强度的焊接电流。

（2）焊机控制器。焊机控制器可调节变压器输出焊接电流的强弱，并可调节出精确的焊接电流通过时间。一般车身修复时每个焊点的焊接时间最好控制在 1 ~ 6 s。

（3）焊炬（焊枪）。焊炬通过电极臂向被焊金属施加挤压力，并流入焊接电流。大多数电阻点焊机上都带有一个加力机构，可产生很大的电极压力以确保焊接品质。

任务准备

（1）场地：理实一体化教室。

（2）器材：二氧化碳气体保护焊机、电阻电焊机等设备。

任务训练

二氧化碳气体保护焊机主要由焊机、惰性气体保护气瓶、气压调节器、焊丝、焊炬、导电嘴和电缆线等部分组成，如图 1-3-2 所示。

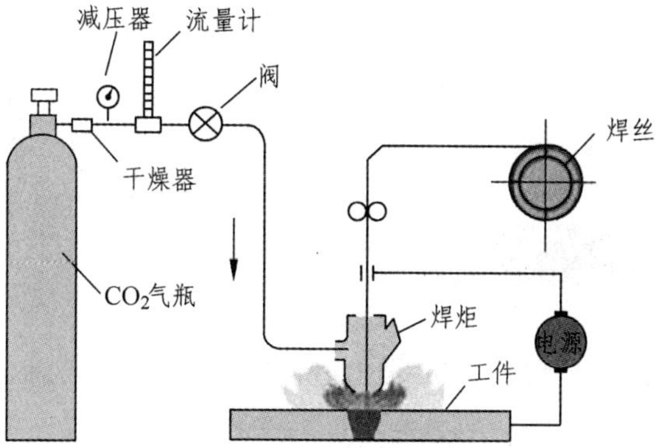

图 1-3-2 二氧化碳气体保护焊接设备组成

1. 送丝装置

送丝装置由焊丝盘、送丝轮和控制装置等组成。

2. 焊 丝

在车身修理中，使用焊丝的直径一般为 0.6 ~ 0.8 mm。

3. 焊机电源

电源的核心是变压器，它把 220 V 或 380 V 的车间电压转变成只有 2 ~ 5 V 的低电压，同时电流会变得很大。

4. 电缆和接地装置

焊机的电缆线要绝缘可靠，焊接的工件要可靠接地才能形成电流安全回路。

5. 焊 炬

焊炬也称为焊枪，如图 1-3-3 所示。

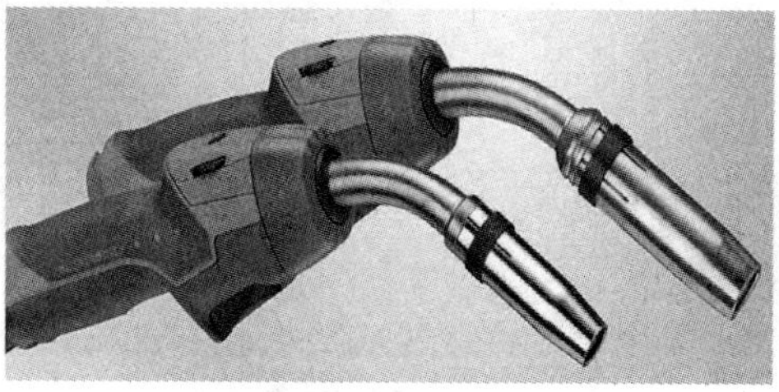

图 1-3-3 焊炬

在焊炬上有控制开关，其作用是将焊丝引导至焊接部位。焊炬前部有喷嘴和导电嘴。

6. 惰性保护气体

焊接一般用二氧化碳或二氧化碳和氩气的混合气体来进行保护。

7. 控制面板

通过控制面板可调节电流、电压及送丝速度，同时还可以进行点焊和脉冲点焊功能的控制。

任务拓展

使用二氧化碳气体保护焊机、电阻电焊机焊接一个小工艺制品。

任务四　整形设备认知

任务描述

汽车遇到轻微碰撞，通常会造成车身有轻微的凹陷，如图 1-4-1 所示。作为汽车维修技师需要掌握车辆整形修复的基本技能。

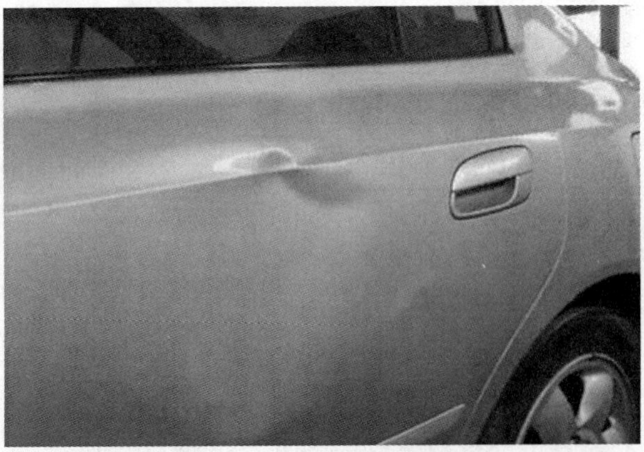

图 1-4-1　车身轻微凹陷

任务目标

能够使用整形设备进行车辆的整形修复操作。

任务学习

车身整形在于完善车辆的整体使用性能，恢复车身各部位的性能，保证车辆正常使用的各项指标，尤其是安全指标。

车身整形中对车身各部位的检查、修复的质量直接关系到人们的生命财产安全，并不仅仅是关乎车辆的外形美观及车辆本身价值的高低。

汽车外形修复机，又称车身整形机，是一种在汽车修理厂广泛使用的钣金整形设备，如图 1-4-2 所示。

图 1-4-2　车身外形修复机

汽车外形修复机对于平整汽车车身上由于碰撞造成的深坑，具有操作简便、工作效率高、平整速度快的特点。其原理和电焊机差不多，利用瞬间大电流释放使车体金属和焊枪金属粘连在一起从而进行整形。

汽车外形修复机通过改变焊接工具来实现单面电焊、环行介子、蛇形焊线等功能。可以对车身进行拉、拔、补、修、加热、回火等整形操作，是车身修复不可缺少的设备。

1. 工作原理

利用低电压、高强度的电流流过两块铁板时产生的高电阻热熔化接触部分的金属，用焊枪电极的挤压力把它们熔合在一起，从而达到焊接的目的。

2. 功　能

焊接介质（供拉拽用的介质）、单面电焊、电加热收火、碳棒修补与加热、钢板压平等。

3. 特　点

焊接速度快、受热范围小、金属不易变形、操作方便。

4. 优　点

无论车身结构如何，都可以在凹陷部位焊接不同的介质，通过拉拽的方法使之修复。集多种焊接、加热等功能于一体，给车身整形修复带来了方便。

任务准备

（1）场地：理实一体化教室。

（2）器材：汽车外形修复机。

任务训练

一、汽车外形修复机的组成

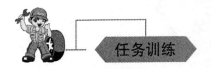

汽车外形修复机主要由整形机设备、惯性锤、碳棒等组成，在整形时还配合使用各类手工工具、电动工具和气动工具等。

二、汽车外形修复机的使用

1. 控制面板

如图 1-4-3 所示，控制面板由电流调节按钮，指示灯，电源开关，收火切换开关，时间控制按钮等组成。

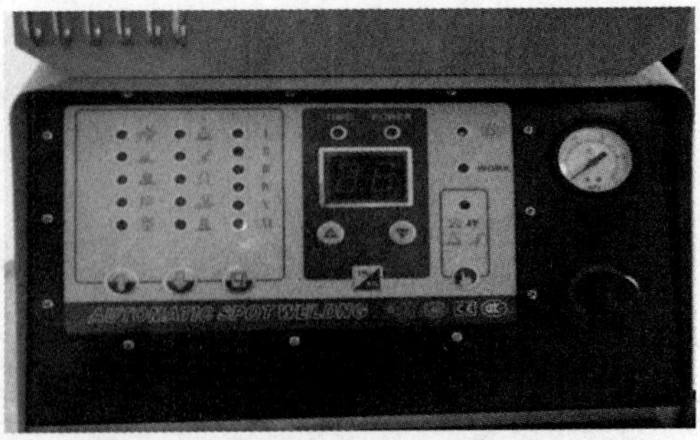

图 1-4-3　汽车外形修复机控制面板

2. 惯性锤

如图 1-4-4 所示，惯性锤是一种手工微调车身外形的工具。将惯性锤带钩的一端钩在车身需要拉伸的位置，然后用手握住锤身，向车身外部用力捶拉，从而使车身凹陷部位复原。

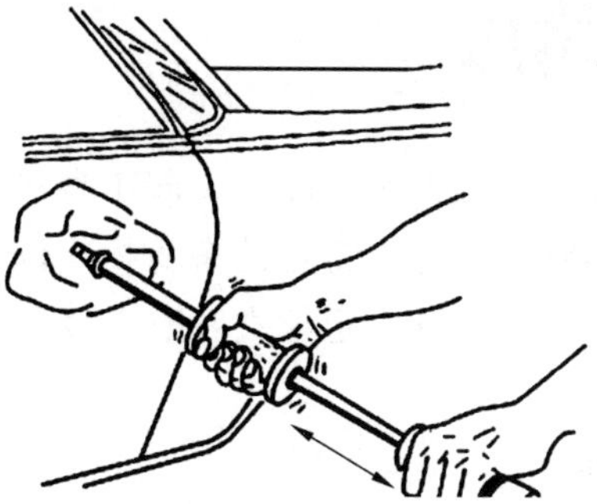

图 1-4-4　惯性锤

任务拓展

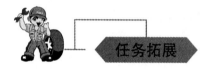

用汽车外形修复机制造一个弧面。

任务五　校正设备认知

任务描述

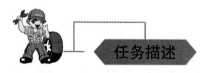

汽车车身在碰撞后，虽然被修复好，但使用一段时间后，客户反映汽车出现轮胎偏磨、跑偏、前翼子板安装处有裂纹扩大的现象。出现这些状况是车身内部损伤没有完全修复好所致。

任务目标

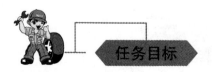

（1）掌握各类校正设备的特点及功能。

（2）知道各类校正设备的作用及组成。

任务学习

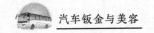

汽车因为发生碰撞、追尾、倾覆等事故，引起车身和车架变形，通过校正设备校正，使其恢复原始性能、形状和尺寸。常见的车身校正设备有地框式校正设备、车身大梁快速校正器、平台式校正设备和带定位夹具校正设备。

一、地框式校正设备

地框式校正设备适合在小型的车身维修车间使用，因为当顶杆、主夹具和其他动力铺助设备被清理后，校正作业区就可以用作其他用途，有利于车间面积的充分利用。在车身上进行校正操作时，借力塔架随时可以提供拉力。

二、车身大梁快速校正器

车身大梁快速校正器常用于发生刮蹭等小事故车辆需快速拉伸校正的场合，同时能充当举升机使用对底盘进行检修、拆卸、装配、零部件的拆卸及装配，与无尘干磨和电子底盘测量仪配合使用。

车身大梁快速校正器使维修车辆的拆卸和修理在一个工位完成，可减少不必要的车辆移动，节约维修时间，且事故车辆上架非常方便和简单，可在360°范围内拉伸。

三、平台式校正设备

将事故车辆移动到平台上，通过对车身进行拆检、测量、拉伸、修复等操作，恢复其尺寸、性能的要求。因操作便利、效率高，目前在4S店和修理厂应用极为广泛，如图1-5-1所示。

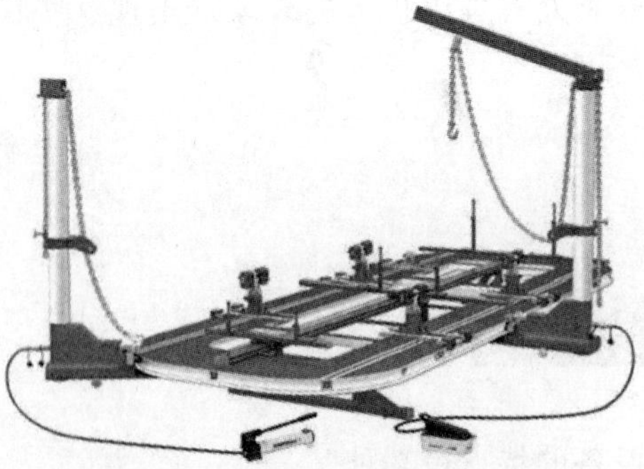

图1-5-1　平台式校正设备

四、带定位夹具校正设备

带定位夹具的车身校正设备是通过定位夹具来固定、定位、测量车身底盘部位重要的点，不仅可以将校正设备移动到被修车车身的下方，将其举起，而且还可以直接进行测量、定位和拉伸，如图 1-5-2 所示。

图 1-5-2　带定位夹具校正设备

任务准备

（1）场地：理实一体化教室。

（2）器材：各类车身校正设备。

任务训练

一、平台式校正设备

车身平台式校正设备主要包括工作平台、升降支架、塔柱、塔柱连接机构、油泵和附件等。通常将事故车身移动到平台上，并进行有效的固定，采取一定的手段措施和合理的维修工艺对车架、纵梁、横梁、门柱及下边梁等骨架部位进行修复。

以平台作业式校正仪为例，这种平台结构简单，维修快捷、耐用。事故汽车（车身）可方便地移动平台，且工作平台可以自由地下降和举起，塔柱可在工作台的外周边 360°移动。

根据事故造成的车辆损伤情况，可针对性地选择不同的夹具，如图 1-5-3 所示，结合塔柱的方向，链条将受损部位进行矫正和修复，恢复其原始尺寸和形状。在修理过程中，根据修复部位的位置、刚度、受力方向，选择车身校正仪附件中的夹紧夹具、拉伸夹具、拉钩、尼龙绳、链条等进行组合。

二、带定位夹具车身校正仪

带定位夹具车身校正仪是通过定位夹具来固定、定位、测量车身底盘部位重要的点。在带定位夹具的车身校正仪上，除了固定夹具固定车身外，可以提供很多定位夹具去固定测量定位需要校正的点，如前后桥的固定支撑点、发动机的装配点、散热器或保险杠固定点、底盘车身设计的工艺点。有了这些定位夹具，就不用担心在拉伸变形部分时造成其他点的变形。

1. 组　成

带定位夹具车身校正仪主要由移动式平台、测量组尺、支撑杆、塔柱、油泵及附件组成。

2. 校正仪附件认知

带定位夹具车身校正仪附件如图 1-5-4 所示。

图 1-5-3　车身校正仪夹具

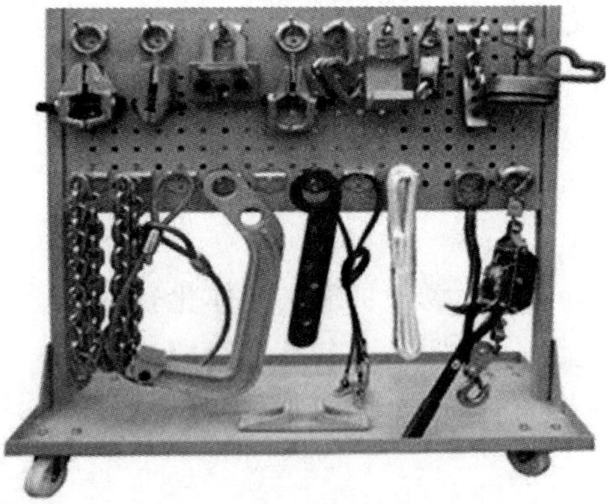

图 1-5-4　带定位夹具车身校正仪附件

3. 夹具选用

车辆上到平台上后，首先是找好车身与测量系统的基准，其次是在校正平台上定位。

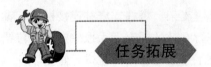

任务拓展

优秀的车身校正仪生产企业

瑞典卡尔拉得有限公司（CAR-O-LINER AB）是汽车碰撞修复产业的主要供应商，

世界知名企业。于 1973 年第一个开发出具有万能测量系统的车身矫正系统，之后又第一个推出计算机化的电子测量系统。目前，在世界各地的 70 多个国家分销网络的支持下，已有超过 35 000 套卡尔拉得的碰撞修复系统在世界各地得到广泛应用。卡尔拉得通过了 ISO 9001 国际质量体系认证，涵盖产品的开发、生产、销售和管理的各个方面。卡尔拉得公司向用户提供高质量设备的同时，更注重提供全面、精确的车身测量数据和优质的技术支持与服务，始终处于世界的领先地位。

任务六　测量设备认知

任务描述

一车辆因交通事故造成严重损坏，为保证优良的汽车使用性能，需进行车身的测量，恢复其性能和尺寸。

任务目标

（1）了解各类测量系统的作用及组成。

（2）掌握各类车身测量系统特点及功能。

任务学习

车身的测量工作是车身修复程序中必须进行的操作，事故车辆的损伤评估、矫正、板件更换及安装调整等工序都要用到测量工作。为保证汽车使用性能良好，总成的安装位置必须正确，因此在修理过程中要求精确地测量车身尺寸。

车身测量工具主要包括机械测量系统和电子测量系统，它们对于维修前的损伤诊断和维修后的效果确认具有重要作用。车身测量就是用专用工具和设备，测量车身上各参考点的位置，将测量结果和理想位置（未受损的车身参考点）进行比较，就可以确定车身所受损坏的范围、方向及程度。车身构件的位置偏差不能过大，一般不超过 3 mm。

一、机械式测量系统

目前在国内应用最广的车身测量系统是机械式测量系统，它的特点在于使用机械的标尺或是它们的组合，采用与车身直接接触的方式测出车身上控制点之间的相对距离。机械式测量系统是目前在车身修复中被广泛使用的测量系统，它具有价格低廉、测量直观、测量精度高的特点，能有效地满足车身修理的要求。但它技术含量不高，测量工序较多，使用起来也较复杂。常见的机械测量系统有门框式（见图 1-6-1）、米桥式（见图 1-6-2）和带定位夹具式等类型。

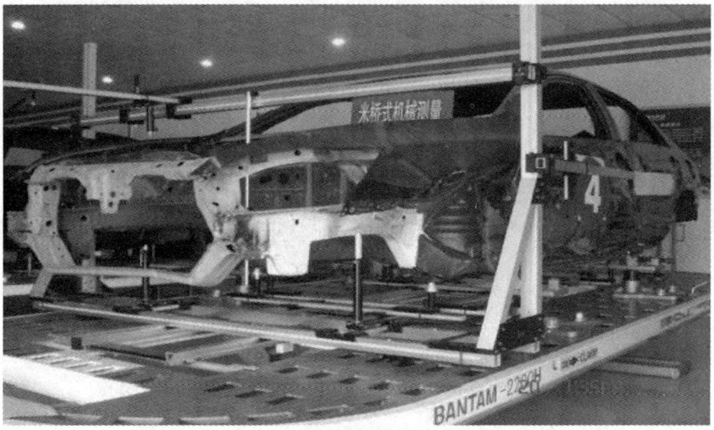

图 1-6-1　机械式测量系统

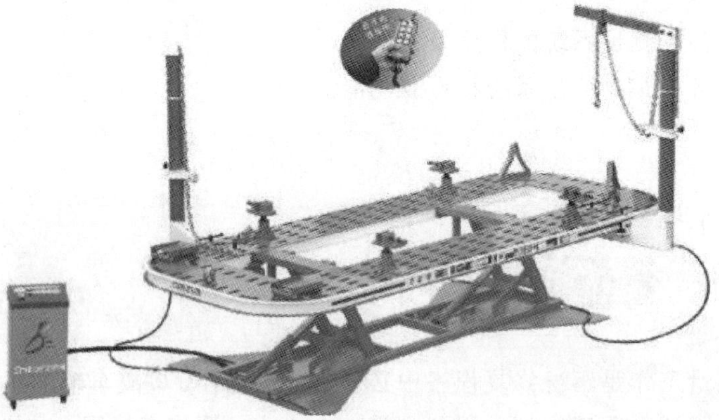

图 1-6-2　米桥式测量系统

二、电子式测量系统

电子测量系统是通过超声波、蓝牙或测头传感器来测量车身底部、侧面和上部等部位，将测得的数据通过接收装置传递给计算机的测量系统。常见的电子测量系统有 SHARK 超声波电子测量系统、三坐标 EasyArm 电子测量系统等，如图 1-6-3 所示。

图 1-6-3　电子式测量系统

超声波电子测量系统是采用超声波技术，利用计算机进行控制的全自动测量系统，其一端与车辆测量点上的附件相连，另一端连到测量横梁上，由发射器上的两个发射点发射超声波。

任务准备

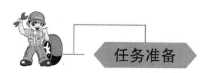

（1）场地：理实一体化教室。
（2）器材：各类车身测量设备。

任务训练

一、机械式测量系统

以米桥式测量系统为例，测量系统主要由米桥尺、横尺、测量头、门尺、上横尺及辅助测量头和安装各种用途量尺的固定器组成，如图 1-6-4 所示。

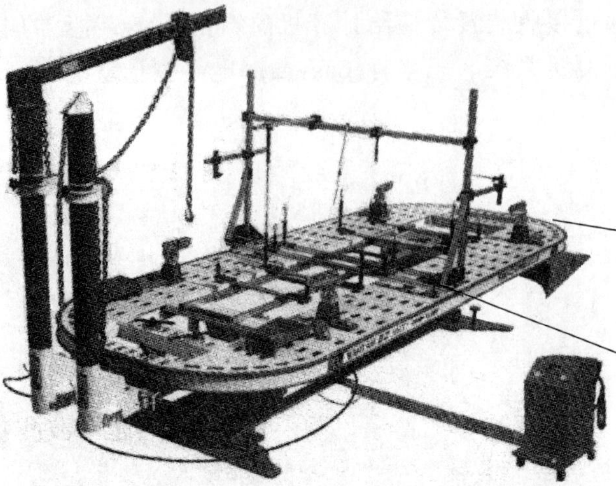

图 1-6-4　米桥式测量系统

二、电子式测量系统

超声波测量系统主要由超声波发射器、超声波接收器、控制柜（包括计算机，也称主机）及各种测量头等组成。如 SHARK 超声波测量系统，该系统主要由超声波发生器、超声波接收器、控制柜（包括计算机，也称主机）及各种测量头等组成。

任务拓展

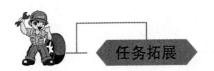

正确组装各种实际测量需求下的附件来完成车身的测量。

项 目 二

汽车车身结构认知

任务一　承载式车身结构认知

任务描述

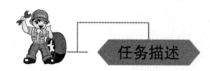

一辆轿车发生碰撞后损伤较为严重，如图 2-1-1 所示，需要对损伤的部位检查后再进行更换、修复和调整。

图 2-1-1　轿车损伤情况

任务目标

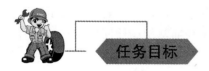

能够认知承载式车身各部件名称及功用。

任务学习

一、汽车车身的结构分类

1. 按车身结构形式分类

汽车车身按结构形式可分为承载式车身和非承载式车身，如图 2-1-2 所示。

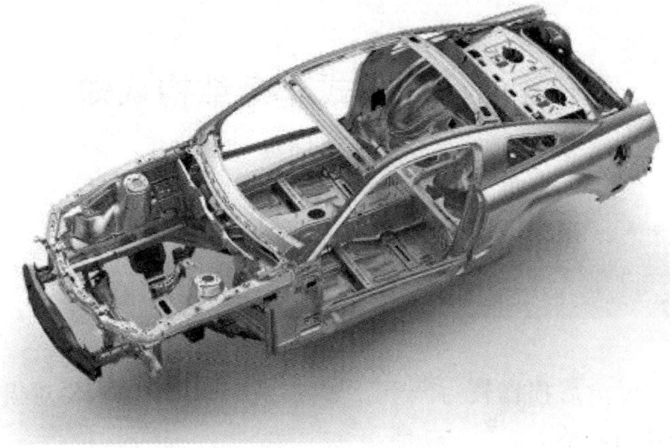

（a）非承载式车身

（b）承载式车身

图 2-1-2　汽车车身结构形式

承载式车身没有独立的车架，其主要部件是焊接在一起的，这样车身容易形成紧密的结构，有助于在碰撞时保护车内乘员，车身内部的空间更大，结构紧凑，质量轻。非承载式车身由主车身和车架组成。车架是一个独立的部件，具有足够的坚固度，是汽车的基础，车身和主要部件都固定在车架上，车身通常用螺栓固定在车架上。

2. 按车身形状或车项形式分类

按车身形状或车顶形式可分为普通轿车、活顶轿车、硬顶轿车，舱背式轿车、旅行轿车、厢式轿车和 SUV 多功能车等，如图 2-1-3 所示。

（a）SUV 多功能车

（b）舱背式轿车

（c）活顶轿车

（d）旅行轿车

（e）普通轿车

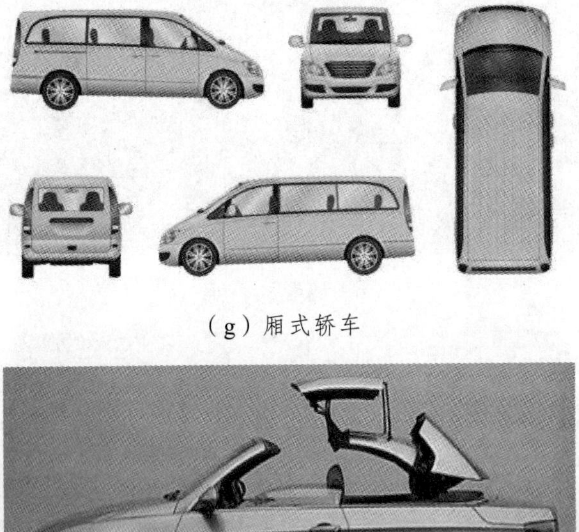

（g）厢式轿车

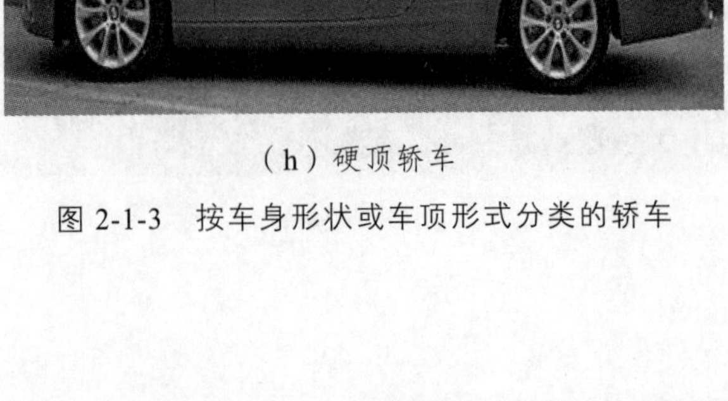

（h）硬顶轿车

图 2-1-3　按车身形状或车顶形式分类的轿车

二、承载式车身结构的组成

承载式车身主要由发动机舱盖、翼子板、保险杠、立柱（前柱、中柱、后柱等）、门槛板、车顶盖、行李舱盖、车门等部件组成，另外还有前围板、减振器塔座、散热器支架总成等。轿车车身基本组成，如图 2-1-4 所示。

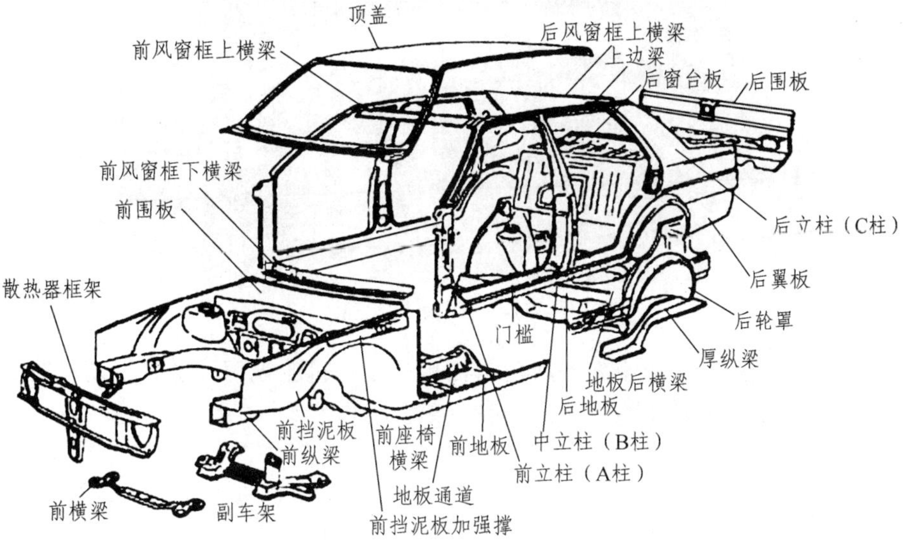

图 2-1-4　轿车车身基本组成

任务准备

（1）场地：理实一体化教室。

（2）器材：承载式车身，非承载式车身各 2 件。

任务训练

一、发动机舱盖

发动机舱盖位于轿车正前方上部，处于两侧前翼子板之间，是发动机舱的维护盖板，如图 2-1-5 所示。

图 2-1-5　发动机舱盖

轿车的发动机舱盖主要由发动机舱盖面板、发动机舱盖面铰链，发动机舱盖支撑杆、发动机舱盖锁、发动机舱盖锁开启拉索等部件组成。

二、保险杠

汽车保险杠可分为前保险杠和后保险杠。保险杠的主要功能是保护车身、美观装饰、减少风阻和缓冲碰撞物体或行人等，如图 2-1-6 所示。

（a）前保险杠

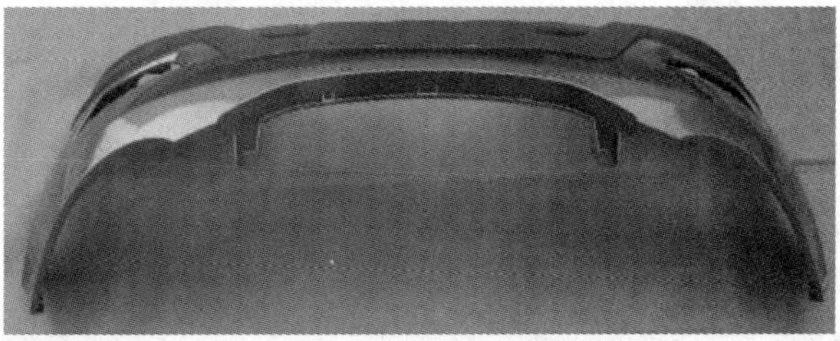

（b）后保险杠

图 2-1-6　保险杠

三、翼子板

翼子板是遮盖车轮的车身外板，按安装位置可分为前翼子板和后翼子板。

前翼子板安装在前车轮处，在车头和前车轮到前门这段位置；后翼子板多与车身本体构成为一个整体，如图 2-1-7 所示。

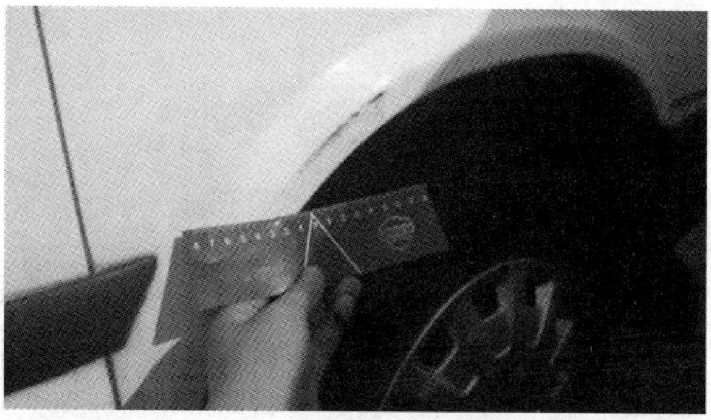

（a）前翼子板

（b）后翼子板

图 2-1-7　翼子板

四、车　门

车门主要起防护、密封等作用，车门按其开启方式可分为顺开式车门、对开式车门、水平滑移式车门和鸥翼式车门等，如图 2-1-8 所示。

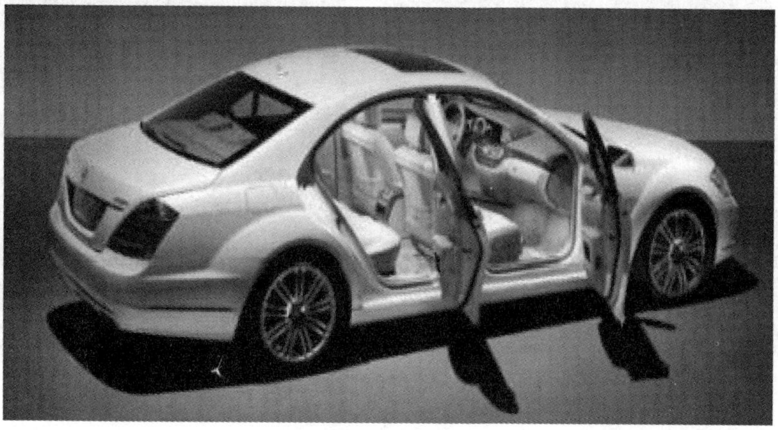

（a）顺开式车门

（b）对开式车门

（c）鸥翼式车门

（d）水平滑移式车门

图 2-1-8　车门

轿车的车门一般由门体、车广附件和内饰盖板三部分组成。门体包括车门内板、车门外板、车门窗框、车门加强横梁和车门加强板。车门附件包括：车门铰链、车门开度限位器、门锁机构及内外手柄、车门玻璃、玻璃升降机和密封胶条。内饰盖板包括：固定板、芯板、内饰蒙皮、内扶手等。车门的结构如图 2-1-9 所示。

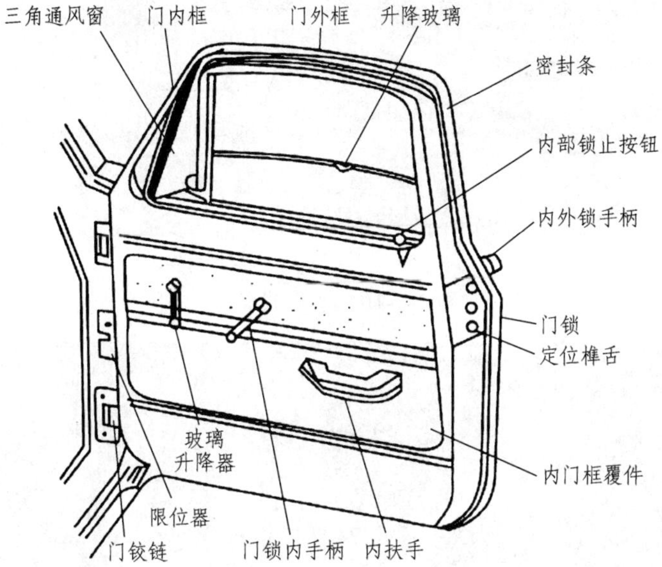

图 2-1-9　车门结构

任务拓展

承载式车身

对于家用车来说，非承载式车身最大的问题就是车身自重太大，因而随着汽车技术的发展，人们取消了非承载式结构中独立的刚性车架，整个车身成为一个单体结构，这就是承载式车身，如图 2-1-10 所示。

看到这里有些读者可能疑惑了，承载式车身没有“梁”，仅用钢板包裹出一个车身，在日常行驶中岂不是会像纸箱子一样脆弱？况且经常听到厂家宣传说自己的轿车使用了多少兆帕的高强度钢梁，那么这里的“梁”和非承载式车身的“梁”有什么区别呢？

承载式车身到底有没有“梁”，可仔细看图 2-1-11 和图 2-1-12，这是一个普通紧凑型车的车身半成品，可以看到车身的外壳、车顶和地板以及通常所说的 A、B、C 三根柱都是连接在一起的。在冲压阶段，钢板先被冲压成不同的形状，然后焊接成一个完整的车身。这些部件按照功能可以大致分为车身覆盖件和结构件两种。

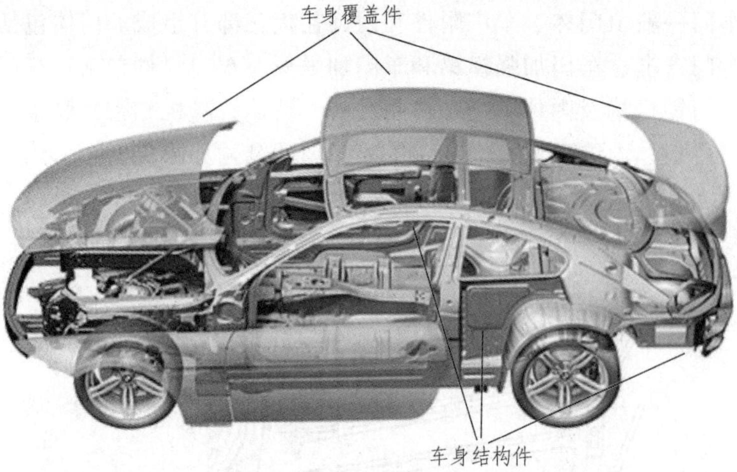

图 2-1-10　承载式车身

图 2-1-11　车身覆盖件

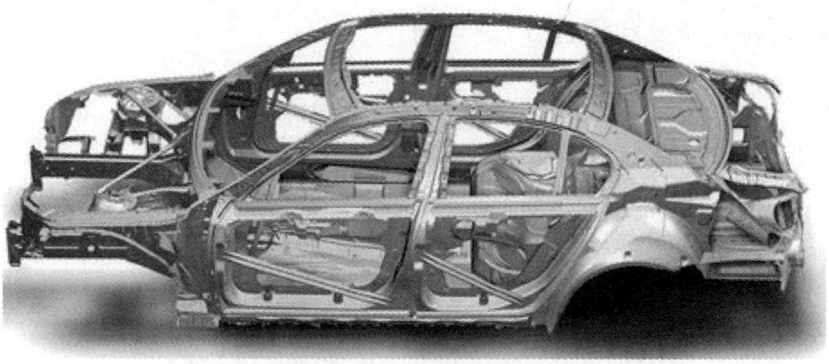

图 2-1-12　车身结构件

所谓覆盖件就是覆盖在车身表面的部件，基本上从车外看到的部分都属于覆盖件，例如车门、车顶、翼子板等等，它们通常起到美观和遮风挡雨的作用，一般都用厚度不超过 1 mm 的钢板冲压而成。我们平时所说的某辆车钢板的薄厚就是指这些部位。实际上这些部位对于车身强度的影响十分有限，不能单纯地从车身覆盖件的薄厚来判断一辆车的碰撞安全性。当然，较厚的钢板在抵御轻度刮蹭方面还是要更强一些。

承载式车身所谓的“梁”，学名叫作车身结构件。车身结构件隐藏在车身覆盖件之下，对车身起到支撑和抗冲击的作用，分布在车身各处的钢梁是车身结构件的一种。例如，车头处钢梁由钢板围成一个闭合的断面结构，钢板的厚度和材质规格都要比车身覆盖件高很多，而且为了在碰撞时有效吸收撞击能量，这些钢梁还会将不同强度的钢材焊接在一起，形成有效的溃缩吸能区。还有一些钢梁不一定是闭合的断面结构，它们在尽量轻量化的原则下被设计成各种不同形状以承受特定方向上的力。

承载式车身最大优点在于质量轻，而且重心也较低，车内空间利用率比非承载式车身结构更高，所以在家用轿车领域已经取代了非承载式车身结构。但承载式车身的抗扭刚性和承载能力相对较弱，所以在越野车和载重货车领域仍然使用的是非承载式车身。

任务二　非承载式车身结构认知

任务描述

货车通常采用的是非承载式车身。若发生正面碰撞，前围、前风窗玻璃、车门、前保险杠和前照灯都可能会受到不同程度的变形和损伤，如图 2-2-1 所示，根据损伤情况，需进行更换、修复和调整。

图 2-2-1　货车正面碰撞导致的变形与损伤

任务目标

（1）正确认识非承载式车身的结构；

（2）熟悉非承载式车身各部件名称及作用。

任务学习

非承载式车身结构的承载能力通常比承载式车身高，因此广泛地应用在客车、货车、SUV、皮卡和越野车上。非承载式车身离地面间隙较大，有吸收路面振动的作用，在发生碰撞事故时，大部分碰撞能量将由车架吸收，因此可有效保护车内人员的安全。因采用了厚重的车架，车辆一般比承载式车身的车辆重很多，影响了车辆的动力性和燃油经济性。

一、客车的车身及车架

客车车身及车架，如图 2-2-2、图 2-2-3 所示。

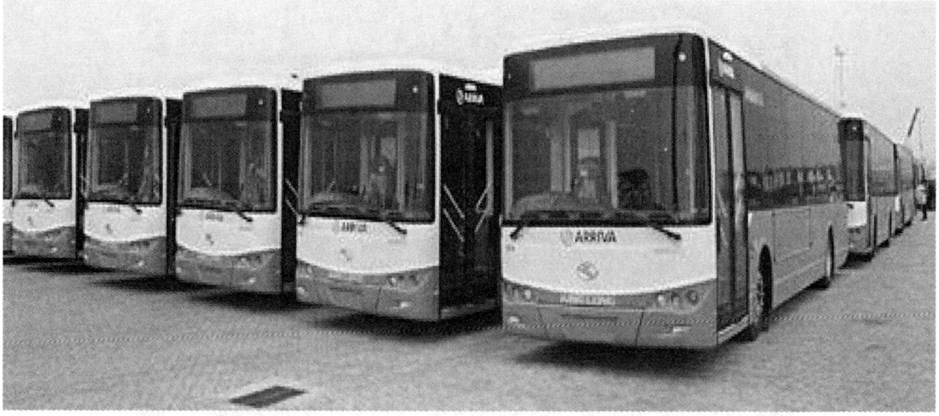

图 2-2-2　客车车身

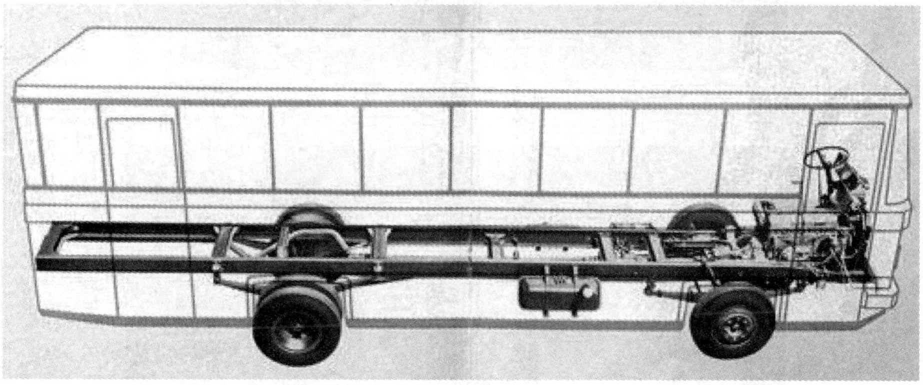

图 2-2-3　客车车架

客车是用于公共交通、长短途班车、旅游、校车、房车、餐车，邮车和行李车等载运乘客及其随身行李的商用车辆。

客车底盘多为载货车辆通用底盘改装而成，其表现为车架式大梁，质心高，噪声大，安全性、舒适与行驶稳定性低。发动机多为后置、横置、后轮驱动方式。发动机后置使得车厢主要部分远离振动和噪声源，车厢内部容积大且完整流畅，改善了乘坐环境和驾驶员的工作条件，有利于长途行驶。

二、客车的分类

（1）根据车长 L 可分为：小型客车 $L<6$ m，中型客车 $L=6\sim9$ m，大型客车 $L=9\sim12$ m，铰接式客车 $L>14$ m，如图 2-2-4 所示。

（a）小型客车

（b）中型客车

（c）大型客车

（d）铰接客车

图 2-2-4　按车长分类的常见客车

（2）根据用途可分为：旅行客车、城市客车、长途客车和观光车，如图 2-2-5 所示。

（a）旅行客车

（b）城市客车

（c）长途客车

（d）观光车

图 2-2-5　按用途分类的常见客车

（3）根据座位数可分为：小于 9 座的小型客车，10 ~ 19 座的中型客车，大于 20 座的大型客车。

（4）根据承载形式（车身受力程度）：可分为非承载式、半承载式和承载式。大多客车为了减轻自重，并使车身结构合理化，而采用无车架的承载式车身结构，也称无车架式结构。

三、货车及其功能

货车又称卡车（Truck），正式名称为载货汽车，如图 2-2-6 所示，是运载货物和商品的一种汽车，包括自卸卡车、牵引卡车、非公路和无路地区的越野卡车和各种专为特殊需要制造的车辆（如机场摆渡车、消防车和救护车、油罐车、集装箱牵引卡车等）。

图 2-2-6　货车

载货汽车指主要用于运送货物的汽车，有时也指可以牵引其他车辆的汽车，属于商用车辆类别。依据车的质量可分为重型货车和轻型货车两种。绝大部分货车都以柴油发动机作为动力来源，但有部分轻型货车使用汽油、石油气或天然气。

四、货车车身的分类

我国对货车的分类很多，有按总质量分类的，有按发动机的排气量分类的，新的国家标准《汽车和挂车类型术语及定义》将货车归入商用车大类，并将货车细分为：普通货车、多用途货车、全挂牵引车、越野货车、专用作业车、专用货车。一般将货车分为以下三大类：

1. 一般货车

一般货车指发动机操作室与车体本身固定连接一体打造的车辆，大致分为：框式和倾卸式两类，这两类车体又包含了开放式、半密封式、全密封式三种，如图 2-2-7 所示。

（a）开放式货车

（b）半密封式货车

（c）全密封式货车

图 2-2-7　一般货车

在运载货物的过程中，应用较多的还有其他特殊用途货车，如罐车和沙石车等。沙石车又称泥头车，俗称土方车，主要用来运送泥头和建筑废料，也有用来运送煤、矿石等。罐车是一种用来运送混凝土的货车，因其可转动的圆筒也叫田螺车，如图 2-2-8 所示。

（a）罐车

（b）沙石车

图 2-2-8　特殊用途货车

2. 货柜车

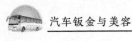

货柜车也是集装箱车，可分为车头、车架和集装箱三部分，如图 2-2-9 所示。

图 2-2-9　货柜车

3. 平板货车

平板货车是公路运输的一种常见车辆，因为其比较方便装卸大型、重型货物，而且比相同规格的其他车型，可以装载更多的货物，深受运输企业的欢迎，如图 2-2-10 所示。在运输车辆中，平板货车一般分为平板和高低板两种。平板车长度一般为 4～13 m，13 m 以上的车多为高低板车。

（a）平板车

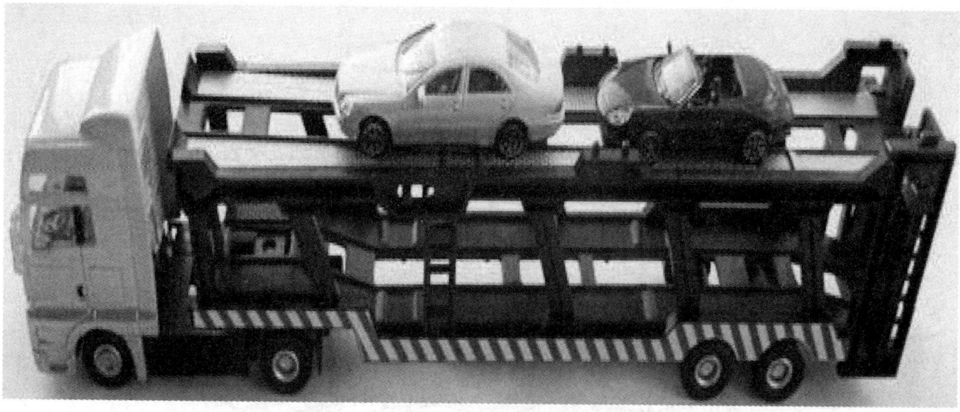

（b）高低板车

图 2-2-10　平板货车

任务准备

（1）场地：理实一体化教室。

（2）器材：客车、货车各 2 辆。

任务训练

一、客车车身的组成

客车车身主要由车身本体、车门、车窗、座椅、车身内部装饰件、车身附件、暖气、空调、通风和换气装置等组成。

在骨架上有大量的车身覆盖件，大客车的覆盖件较为简单，主要是用金属薄板压制或手工敲制的方法制造。客车的外形主要是长方体结构，其内外层分别由内外蒙皮覆盖，即内覆盖件和外覆盖件。内覆盖件虽有色调、材料、位置和车内顶盖护板、左右侧围护板等差别，但在结构特征上较为单纯。客车车身主要由前围蒙皮、顶盖蒙皮、侧围蒙皮、后围蒙皮和底盘骨架等部分组成，如图 2-2-11 所示。

1. 前围蒙皮

前围蒙皮的面积较小，但外形较复杂，常有一些孔、肋等结构，属空间曲面。

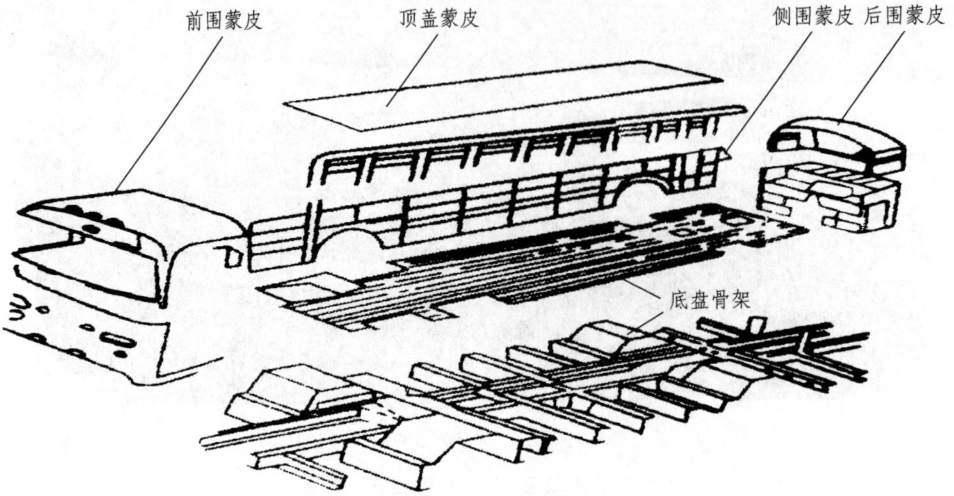

图 2-2-11 客车车身的组成

2. 顶盖蒙皮

顶盖蒙皮通常是由右侧蒙皮、左侧蒙皮、中间蒙皮组成。顶盖结构的技术要点是顶盖与骨架之间要有良好的密封，中间蒙皮与侧围蒙皮之间及蒙皮与骨架之间的连接尤其重要，无论是采用焊接还是其他连接方法，要有良好的密封是最主要的。

3. 侧围蒙皮

侧围蒙皮是车身主要覆盖件，覆盖在侧围骨架的外表面，是车身外形的主要部分。根据生产条件、材料及大客车的档次，蒙皮有整块、分块之分，按受力和连接方式又可分为侧围应力蒙皮和侧围预应力蒙皮。

4. 后围蒙皮

后围蒙皮是一种多维变曲率的大尺寸复杂空间曲面，一般为非压制件，因功能要求不高，所以工艺要求不高。低档车通常直接按图样上的设计分块分别制作，然后在后围骨架上拼焊。中、高档车后围蒙皮一般采用张拉工艺。如果是后置发动机就有一面积较大的上掀开门，便于维修。

车身外蒙皮通常采用 0.8 ~ 1.0 mm 厚的冷轧钢板或 1.5 mm 厚的铝板。外蒙皮与骨架的连接方式主要有两种：铆接和焊接。承载式大客车车身外蒙皮，通常有两种：一种是应力外蒙皮，蒙皮与骨架一起承载；另一种为预应力蒙皮（张拉蒙皮），蒙皮不参与承载。

二、货车车身的组成

轿车、客车的车身壳体一般均为整体式车身壳体，而货车的车身一般由驾驶室和货厢两部分组成，如图 4-2-12 所示。

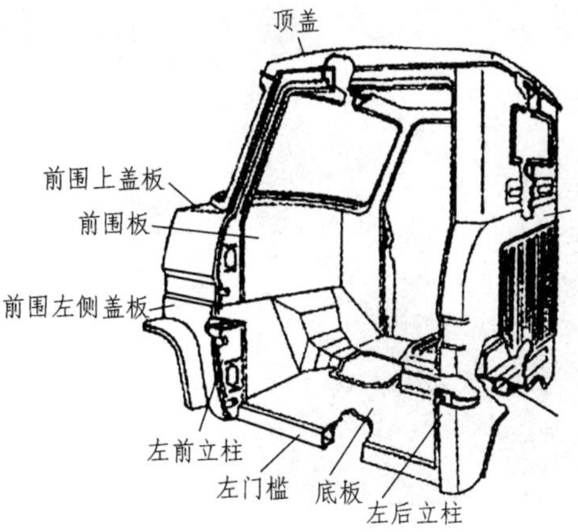

（a）驾驶室

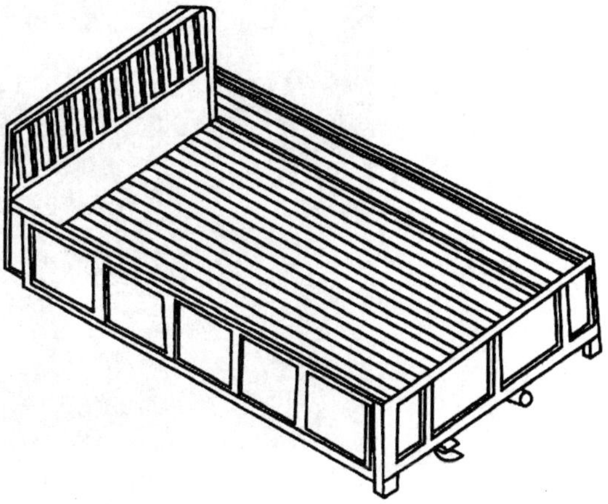

（b）货厢

图 2-2-12　货车车身的组成

1. 车　门

车门是车身的重要组成部件之一。按其开启的方式可分为：顺开式、对开式、水平滑移式、鸥翼式等，货车大多采用顺开式，如图 2-2-13 所示

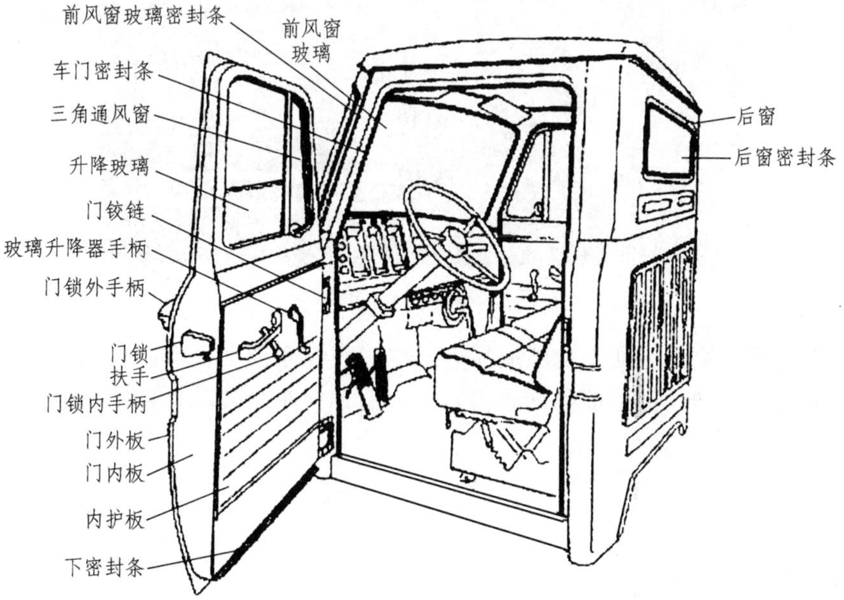

图 2-2-13　货车车门结构

2. 车　窗

（1）风窗。汽车的前、后风窗通常采用有利于视野而又美观的曲面玻璃，货车的前后风窗又称前后风窗玻璃，如图 2-2-14 所示。

图 2-2-14　货车前风窗

（2）侧窗。客车的侧窗可设计成上下开启式或水平移动式。侧窗玻璃采用茶色或带有隔热层，可使室内保温并有安闲宁静的舒适感，如图 2-2-15 所示。

图 2-2-15　货车侧窗

（3）三角通风窗。为便于自然通风，某些汽车在车门上设有三角通风窗，三角通风窗可绕垂直轴旋转，窗的前部向车内转动而后部向车外转动，使空气在其附近形成涡流并绕车窗循环流动。

任务拓展

非承载式车身

非承载式车身车型比较少，多数是卡车、专业越野车之类。非承载式车身的汽车有刚性车架，又称底盘大梁架。这种车架一般都是矩形或者梯形的，布置在车身的最底部，平时是看不到的。图 2-2-16 所示为一个非承载式车身的车架，可以看到上面有由很多横纵梁构成的一个矩形结构。

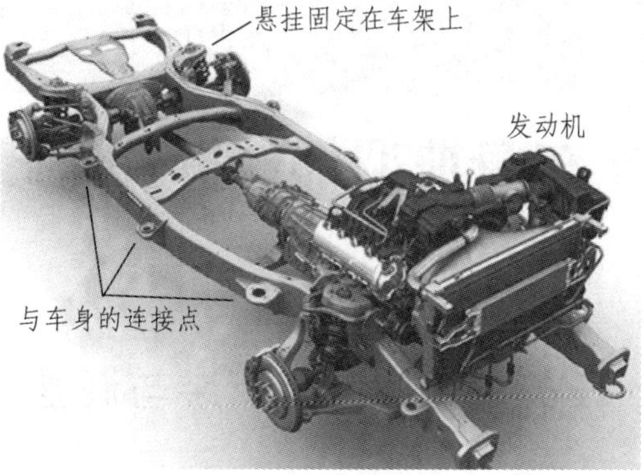

图 2-2-16　非承载式车身的车架

车架承载着整个车体，发动机、悬挂和车身都安装在车架上，如图 2-2-17 所示，车架上有用于固定车身的螺孔以及固定弹簧的基座。从理论上说，即使没有车身，单是一个车架“裸驰”也是可以的。车身的主要作用是给驾驶者和乘客提供一个舒适安全的环境，以及美丽的视觉外观。

图 2-2-17　可“裸驰”的车架

非承载式结构的最大优点就是车身强度高，钢架能够提供很强的车身刚性，也有利于提高安全性，对于载重车和越野车来说这一点非常重要，对路面颠簸的反馈在车内的感觉要轻微很多，这是因为车身和底盘之间采用降低振动的方法连接在一起，所以在颠簸路面行驶时更平稳舒适一些。

非承载式车身结构是一种历史非常悠久的底盘形式，在早期几乎所有汽车都采用这种结构。一百多年以前，当时的汽车还是定制车的时代，人们买车时会先选择底盘，然后在底盘的基础上再去选选择不同的车身制造商定制不同样式的车身。

但是随着时代的发展，非承载式车身的缺点暴露出来，其中之一是质量大，车架本身就很重，而车身和车架又是两个独立的部件，所以整体质量就更大了，用的钢材多，成本也会相对较高。非承载式车身还有另外一个问题就是车辆重心比承载式更高。

项 目 三

汽车车身典型部件拆装与修复

任务一　保险杠拆装与调整

任务描述

汽车在正面碰撞或追尾事故中，保险杠常被撞开裂和脱落，如图 3-1-1 所示。作为汽车维修技师应会对保险杠进行拆装与修复。

图 3-1-1　保险杠损伤

任务目标

（1）能描述保险杠的类型。

（2）能描述保险杠的结构组成。

（3）能描述前照灯的结构组成。
（4）会进行各类保险杠的拆装和调整。
（5）会进行前照灯的拆装和调整。

任务学习

一、汽车保险杠的类型

汽车保险杠又称防撞梁，位于汽车前方和后方的大部分区域，是吸收缓和外界冲击力、防护车身前后部的安全装置，是为了避免车辆外部损坏对车辆安全系统造成的影响，它们具有在高速撞击时减少驾乘人员伤害的能力。

按其使用的材料，可分为金属材料保险杠和非金属材料保险杠。金属材料保险杠一般用高强度钢板冲压而成。这种钢板既有较高的强度，又有良好的冲压性能，与一般热轧钢板相比，其厚度可以减薄，从而降低材料消耗和减小质量，一般用于客车和货车。非金属材料保险杠采用模压塑料板材、改性聚丙烯材料，也可用玻璃纤维增强塑料，这些材料的力学性能接近冷轧钢板，密度仅为钢材的 1/5。非金属材料保险杠一般用于轿车。

按其使用功能，可分为非吸能式保险杠和吸能式保险杠。非吸能式是一种最简单的结构形式，在工业发达国家，塑料保险杠在轿车上的装用率较高，这种保险杠只起装饰作用，不起保护作用，一般用于普通轿车上。而吸能型保险杠的安全保险性能好，安全系数高，且与车身造型相协调，多用于高级轿车上。

综上所述，可以将轿车上所用的保险杠分为两大类，一类是由金属材料制成的钢制保险杠，一类是由塑料等非金属材料制成的整体成形树脂型保险杠，最后一类是安全系数较高的吸能型保险杠。

二、汽车保险杠的结构组成

1. 钢制保险杠

钢制保险杠也称为刚性保险杠，如图 3-1-2 所示，常用 2 mm 左右的钢板冲压成形表面加以镀铬。考虑到安全，也有将保险杠的钢支架安装在车身纵梁等部位，外侧装上合成树脂材料制成的保险杠面罩。普通的钢制保险杠结构简单，但在局部碰撞变形后会影响到整个车身。

2. 整体成形树脂型保险杠

现代轿车中主要采用的是与车身造型一体化的树脂型保险杠，保险杠材料使用聚丙烯树脂，质量轻，容易注射成型，所以应用广泛，如图 3-1-3 所示。

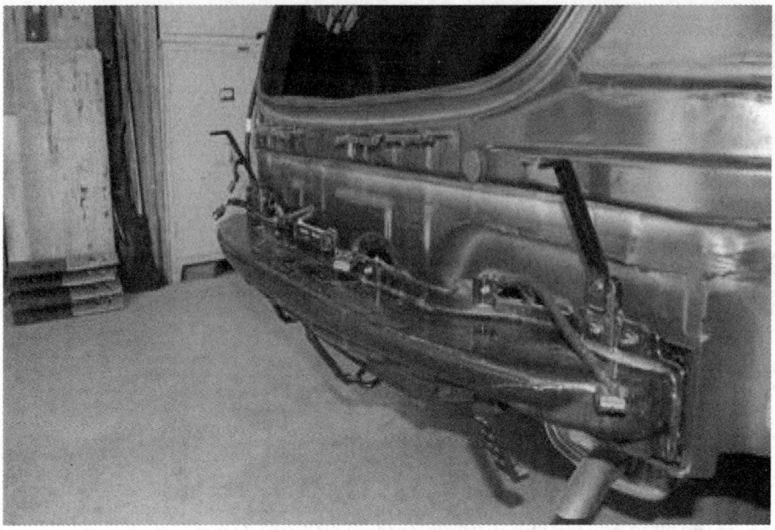

图 3-1-2　钢制保险杠

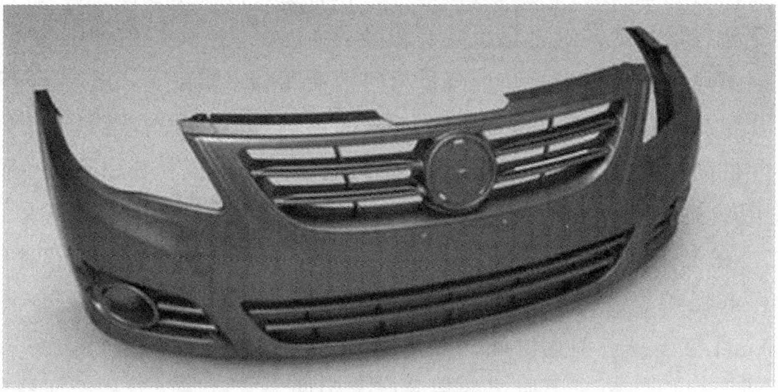

图 3-1-3　整体成形树脂型保险杠

3. 吸能型保险杠

为了吸收保险杠在碰撞时的冲击能量，使保险杠支架具有吸能功能，形成一种防冲击的装置。吸能保险杠一般有直接吸能型和筒状吸能型两种形式。

直接吸能型保险杠如图 3-1-4 所示。

将泡沫塑料或橡胶等吸收冲击能量的材料填充于支架和面罩支架，构成具有一定能量吸收功能的保险杠，当汽车受到轻度冲击时，填充材料受冲击压迫后的瞬间变形直接吸收能量。

筒状吸能型保险杠是利用活塞中充入油和空气，利用液压油的阻尼吸收冲击，以空气弹簧的压缩作为减轻冲击的缓冲器；或利用硅油作为阻尼器，并通过两端套管的面积差起缓冲复原的作用，如图 3-1-5 所示。

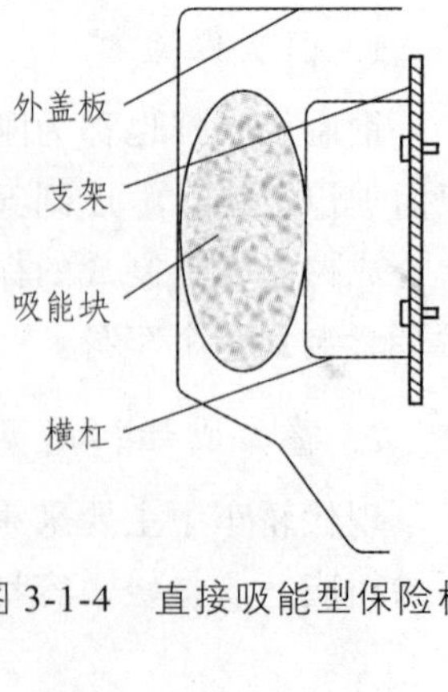

图 3-1-4　直接吸能型保险杠

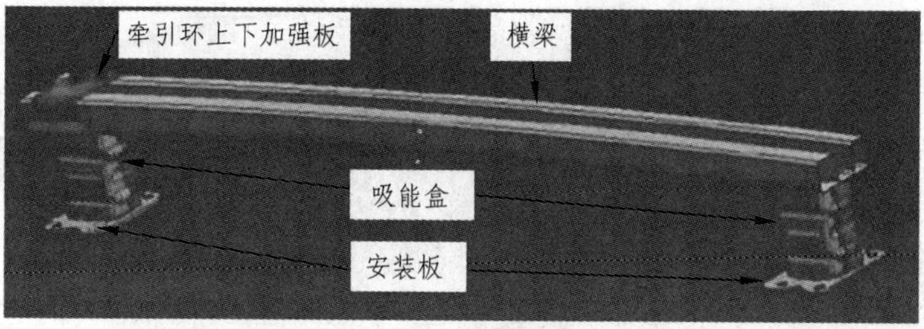

图 3-1-5　筒状吸能型保险杠

任务准备

（1）场地：理实一体化教室。

（2）器材：实训整车 2 台、工具 2 套。

任务训练

在更换保险杠之前，需先将损坏的前保险杠面罩、保险杠骨架（保险杠横梁）等一一进行拆卸，再进行保险杠的拆卸和修复。注意：由于整体成形树脂型保险杠与车身制成一体，根据不同车型先观察保险杠与车身的连接螺钉位置。下面以在轿车上应用比较广泛的整体成形树脂型保险杠（前保险杠）为例进行讲解。

准备好开口扳手、套筒扳手、磁棒、拆卸套装、十字螺丝刀、一字螺丝刀、手电筒等工具。

一、保险杠的拆卸

（1）打开发动机罩开启拉索，用手轻轻向上拉动开启拉索，可听到“啪”的一声，即为开启。

（2）支撑发动机舱盖。用手拨开发动机舱盖锁扣，用支撑杆支撑发动机舱盖（注意对准位置，以防脱落），如图 3-1-6 所示。

（3）断开蓄电池连接线，用开口扳手先拆卸负极，然后拆卸正极。

（4）拆卸散热器隔栅上部螺钉。用一字螺丝刀拆卸带垫片的螺钉，用十字螺丝刀拆卸带半螺纹的螺钉。

图 3-1-6　支撑发动机舱盖

（5）拧松散热器隔栅下部螺钉。用十字螺丝刀拆卸紧固螺钉，看不清时可用手电筒照亮。

（6）用磁棒吸出螺钉。螺钉不易取出时，可用磁棒吸出。

（7）先后将转向转至左右极限。露出左右两侧轮罩上的固定螺钉，然后拆卸。

（8）拆下保险杠罩盖。注意两人配合，平行向车辆前进方向从导向件中推出保险杠。注意不要把雾灯的连接线扯断。

（9）断开雾灯连接线插头。

（10）松开雾灯罩盖与保险杠罩盖上的紧固螺钉。

（11）拆卸雾灯罩盖。

（12）拆卸雾灯支架及总成。

（13）拆卸保险杠固定条紧固螺钉。注意两侧的螺钉上有插片螺母并与导向件相固定。

（14）取下保险杠固定条。

（15）拆卸保险杠两侧导向件。

（16）拆卸并取下保险杠托架。

二、前保险杠的装复与调整

前保险杠的装复顺序与拆卸顺序相反。注意检查是否有些部件不能重复使用需进行更换后再行装配，并对间隙值进行监测，如图 3-1-7 所示。同时要检查雾灯是否能正常点亮，如不正常应检查并重新安装，直至正常点亮为止。

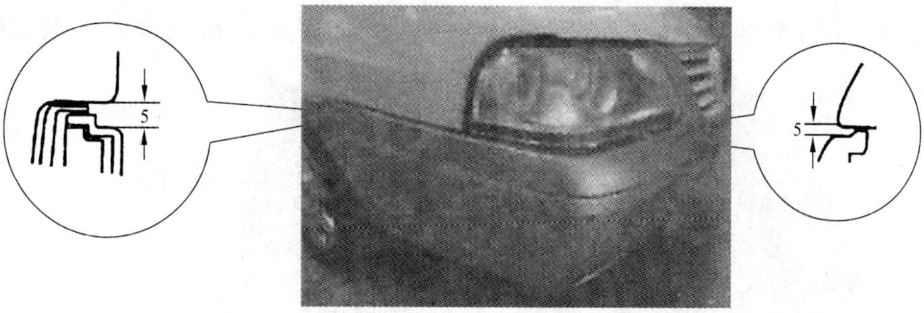

图 3-1-7　保险杆间隙的调整

三、前照灯的拆卸

对于前保险杠损坏后，需要对前照灯进行拆卸，有的车型在拆卸前保险杠时还需对前照灯进行拆卸，因此，要求掌握前照灯的拆卸安装方法。

前照灯即俗称的前大灯，装在汽车前部的两侧，用于夜间行车道路的照明。一般常用的前照灯有白炽真空灯、卤素真空灯和氙气真空灯三种类型。目前，我国主要使用的是卤素真空灯和氙气真空灯两种，如图 3-1-8 所示。

（a）卤素真空灯

（b）氙气真空灯

图 3-1-8　前照灯

前照灯包括近光灯及远光灯。近光灯是当车辆前方有其他道路使用者时，不致使对方眩目或不舒适感所使用的近距离照明灯具，即会车时使用的灯。远光灯是当车辆前方无其他道路使用者时所使用的远距离照明灯具。

前照灯由三部分组成：光源、反光镜和配光镜，其结构组成如图 3-1-9 所示。

前照灯、前雾灯的拆装方法比较简单，只要在断开线束连接插头后，再拆卸其紧固螺栓，即可平行取下前照灯。但需注意在对前照灯进行拆卸时需防止空气进入；安装时注意分清各灯具的线束插头，以免插错位置；在更换灯泡或配光玻璃时手指不要触及反射镜镜面，以免手指上的汗渍或油污污染反射镜而使其失去光泽，降低反射效率。

反射镜镜面上有灰尘时，应用压缩空气吹净，不宜用布或毛刷擦拭，以免破坏镜面光泽；也不要用口吹气，以免唾液溅到镜面上。当反射镜镜面上有油污时，可按以下方法清除：对于镀铅反射镜，可用蘸过酒精的清洁棉纱，由反射镜中心向外部呈螺旋形方向擦拭干净；对于镀银反射镜，其镀层不能擦拭，只能用热水冲洗，晾干后装复使用。

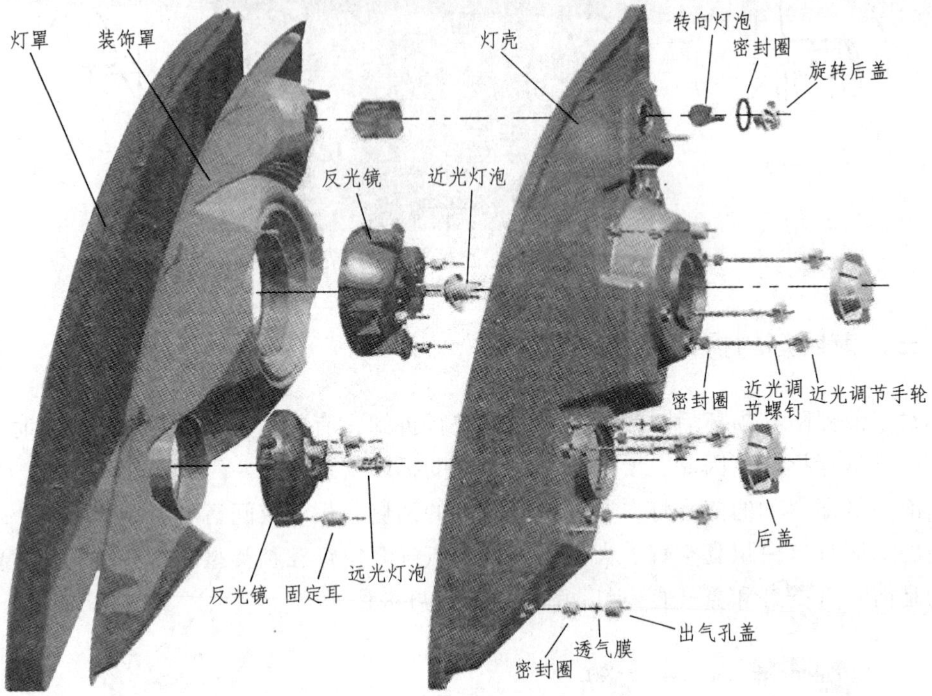

图 3-1-9　前照灯结构

四、前照灯的调整

前照灯光束的调整检验应在较暗环境中的屏幕前进行，或用测量仪检查调整。调整与检查的场地应平整，屏幕与场地垂直，且使前照灯基准中心距屏幕 10 m，如图 3-1-10 所示。被调整检验车应在轮胎气压正常、空载或乘坐一名驾驶员的条件下进行。

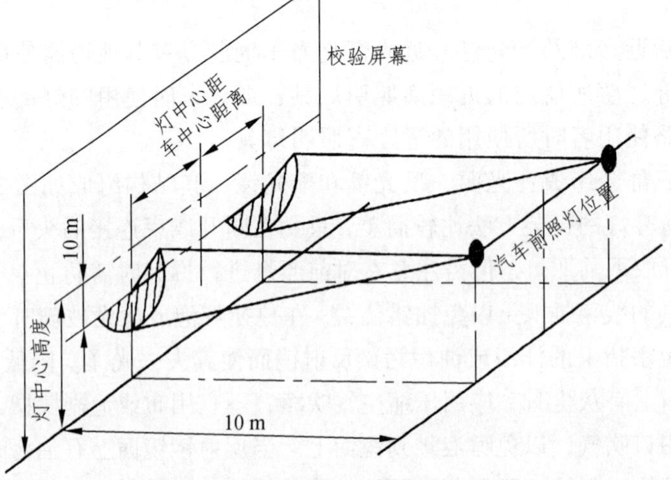

图 3-1-10　前照灯光束位置

接通灯光开关，调整其光束。调灯时以一只灯为单位调整，首先遮蔽其他前照灯；然后拧动上下左右光束调整螺钉，使主光束处于规定高度。注意上下左右调整时，必须拧紧调整。若需拧松调节时，应完全拧松后再拧紧调整。

任务拓展

虚拟保险杠

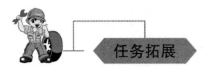

2012 年 9 月 18 日通用汽车宣布，包括 2013 款凯迪拉克 ATS 在内，旗下三款最新凯迪拉克车型将配备“虚拟保险杠”（Virtual Bumpers）技术，这款先进的安全系统能够在车辆低速条件下自动停车，从而帮助驾驶员避免碰撞。

采用“虚拟保险杠”技术后，凯迪拉克新车的前后自动制动系统（Automatic FrontandRearBraking）能够帮助驾驶员在即将发生碰撞时自行制动。不管是在交通繁忙时还是在停车场上，或者驾驶员在道路上行驶时未能及时发现前方有其他车辆或障碍物，这样车辆仿佛增加了虚拟的大型保险杠，降低了发生事故碰撞的风险。

前后自动制动系统是最新选配设备驾驶员辅助套件（Driver Assist Package）的一部分，2013 款凯迪拉克 ATS 跑车、XTS 豪华车和 SRX 跨界车可以选用。这套系统依赖于精密先进的传感器和电子设备构成的网络，能够在车辆低速行驶条件下帮助驾驶员避免撞车，并在高速背景下降低碰撞的相对速度，减轻撞车损失。

任务二　翼子板拆装与调整

任务描述

翼子板经猛烈碰撞后无法修复至原先形状，需要更换翼子板。

任务目标

（1）能描述翼子板的结构类型。

（2）能描述翼子板的作用。

（3）会进行车身翼子板的拆装和调整。

一、翼子板的结构类型

翼子板是遮盖车轮的车身外板，因旧式车身该部件形状及位置似鸟翼而得名。按照安装位置又分为前翼子板和后翼子板，如图 3-2-1 所示。翼子板主要由外覆盖件和内板加强件组成，内板加强件采用树脂或电阻点焊等形式将其连接成一体。

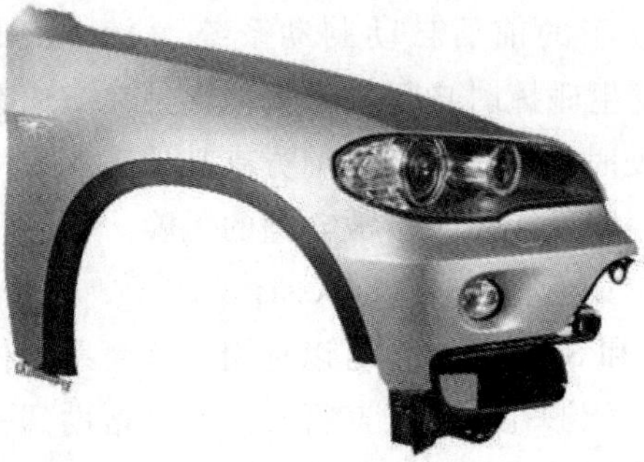

（a）前翼子板

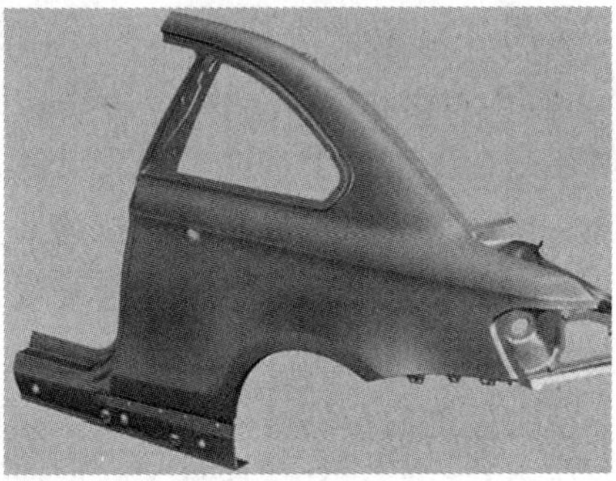

（b）后翼子板

图 3-2-1　翼子板

前翼子板安装在前轮处，为独立的部件，大多用螺栓和车身壳体相连，后端与前围支柱相连，前端与散热器支架的延长部分及前照灯架相连，侧面与挡泥板相连。因此拆卸时需拆卸很多部件后才可进行前翼子板的拆卸，而部分车辆翼子板的紧固螺栓不可见，因为多被树脂密封胶粘住，拆卸时须先用暖风枪烘烤熔化后才可见紧固螺栓。有些车辆的前翼子板用有一定弹性的塑性材料制成。塑性材料具有缓冲性，安全性较高。

后翼子板是车身后部侧面的外表，又称后侧围板，是后部车身两侧最大的板件，从后车门向后一直延伸至后保险杠位置，构成后部车身的侧面，通常以焊接方式与车身壳体相连，为非独立部件，不可拆卸，损坏时需进行焊点破除，以切割损坏处的方式更换新部件。

二、翼子板的功用

翼子板的作用是在汽车行驶过程中，防止被车轮卷起的砂石、泥浆溅到车厢的底部。因此，要求所使用的材料具有耐老化和良好的成形加工性。材料一般使用高强度镀锌钢板，厚度为 0.6 ~ 1 mm。

任务准备

（1）场地：理实一体化教室。

（2）器材：汽车整车 2 辆、拆装工作台、工具 2 套。

任务训练

一、右前翼子板的拆装

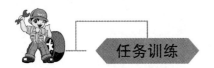

首先准备好开口扳手、套筒扳手、一字螺丝刀、垫布、暖风枪等工具。

1. 右前翼子板的拆卸

（1）拆卸右侧保险杠。

（2）断开蓄电池连接线。用开口扳手先拆卸负极，后拆卸正极。

（3）拆卸右侧前翼子板上的转向灯（如有）。用一字螺丝刀垫上垫布从侧面撬出转向灯，以防划伤信号灯照罩。

（4）拔下右侧转向灯线束。

（5）举升车辆至合适高度，拆卸前轮罩固定螺钉，然后取下前轮罩，如图 3-2-2 所示。

图 3-2-2　取下前轮罩

（6）取下右前门脚踏板防擦板紧固螺钉，然后取出防擦板。

（7）拆卸右侧翼子板底部固定螺钉。

（8）拆卸右侧翼子板侧面固定螺钉。

（9）在右侧翼子板 A 柱区域用暖风加热，使其变软，取下翼子板。

注意：PVC 材料只允许短时间稍微加热，此时 PVC 的颜色不可发生变化，也不许形成气泡。

（10）降下车辆，拆卸右侧翼子板上部固定螺钉。

（11）拆卸右侧机盖缓冲块。

（12）用暖风熔开右侧翼子板上部的密封胶。

（13）拆卸右前照灯上部的紧固螺钉。

（14）断开右前照灯线束插头并拔出。

（15）取下右前照灯总成。

（16）用暖风熔开右前翼子板前侧密封胶。

（17）取下翼子板。

2. 右前翼子板的装复

右前翼子板的装复顺序与拆卸顺序相反，安装时首先清除旧的树脂密封胶，并注意更换损坏的自锁螺母和新的塑料密封垫。

二、右前翼子板的调整

前翼子板更换或修复完后，应对表面进行处理，再进行位置和间隙的调整，前翼子板使用螺栓连接到散热器支架和轮罩上。松开这些螺栓，翼子板就可以向前或向后，向内或向外移动，以便使它与车门齐平，并且平行于发动机罩。如翼子板超出限度而不能与门齐平，会造成车辆行驶时产生风扰动噪声。应同步调整翼子板与发动机舱盖，使环绕翼子板的所有间隙均匀。

任务拓展

汽车轻量化结构设计——塑料翼子板

塑料翼子板与金属材料翼子板相比具有如下优势：

（1）轻量化：塑料翼子板与金属材料翼子板相比，减重效果可达 45%以上，同时达到节能降耗环保功能。

（2）模块化：塑料翼子板可以和保险杠支架组成模块，整体装配，减少零件增加所带来的装配误差，从而提高保险杠的装配精度。

（3）提高效率：采用模块化供货可以减少主机厂内部相关零件的装配工序，实现整体一次性装配。

（4）节约成本：可减少工装和设备的投资成本，提高 OEM 的竞争水平。

（5）安全：塑料材料良好的抗冲击性能赋予塑料翼子板更好的能量吸收性能，轻松达到安全保护的要求。

（6）造型自由度：塑料比金属具有更大的设计自由度，能让汽车制造商制造出外形优美、结构复杂以及配置最佳的汽车来吸引消费者的眼球。

（7）耐侵蚀和轻微碰撞：塑料翼子板的这一特点，可以进一步减少汽车的维修成本。

凭借上述七大优势，塑料翼子板在欧美已得到广泛应用，并得到了客户的肯定。宝马、奔驰、大众、雷诺、雪铁龙、标致等国际大公司都早已有塑料翼子板的实际应用。成功案例车型有 BMW6 系列，标致 307，奔驰 CL600、CLASS A，大众新甲壳虫，雷诺 CLIO、CLIOsport，日产 ALMARA 等。

任务三　车门及附件拆装与调整

任务描述

如图 3-3-1 所示，车门严重损伤后，需要对车门及附件进行拆装修复，以求恢复到原来的形状及强度。

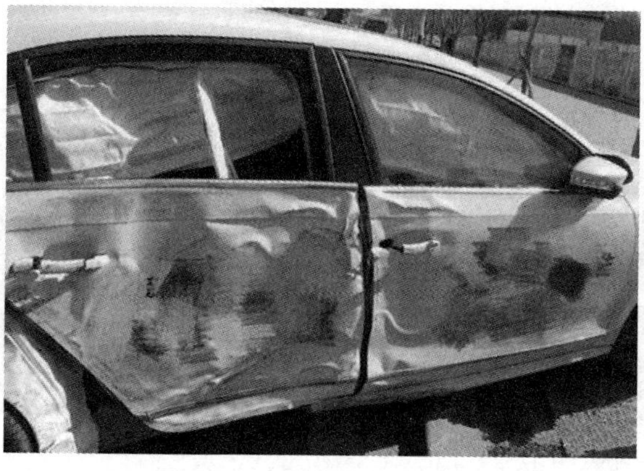

图 3-3-1　严重损伤的车门

任务目标

（1）能描述车门的类型。

（2）能描述车门的结构组成。

（3）会进行车门及其附件的拆装和调整。

任务学习

一、车门的类型

车门位于汽车的侧面，它是一个独立的总成，一般是通过铰链将车门安装在车身上。此外车门因为需要反复地开启和关闭，所以对装配间隙提出了更高的要求。

车门是汽车的主要组成部分，是乘客上下车辆的通道，而在汽车行驶时，又对乘客起到一个保护作用。它的好坏，主要体现在车门的防撞性能、车门的密封性能、车门的开合便利性等。防撞性能尤为重要，因为车辆发生侧碰时，缓冲距离很短，很容易伤到车内人员。所以说，精确地掌握车门的维修工艺非常重要。那么首先要熟知车门的结构及类型，车门大致可分为以下几类：

1. 按车门的开闭方式分类

有顺开式车门、对开式车门、水平滑移式车门、鸥翼式车门、折叠式车门等。其中顺开式车门和逆开式车门统称为旋转式车门，又尤以顺开式车门应用最为普遍。

2. 按窗框结构分类

可分为有框车门与无框车门，如图 3-3-2 所示。

（a）无框车门　　（b）有框车门

图 3-3-2　车门

3. 按车门数量不同分类

根据车门数量的不同可分为两门、三门、四门和五门等形式。

二、车门的结构组成

轿车的车门一般由门体、车门附件和内饰盖板三部分组成，如图 3-3-3 所示。门体包括车门内板、车门外板、车门窗框、车门加强横梁和车门加强板。车门附件包括车门铰链、车门开度限位器、门锁机构及内外手柄、车门玻璃、玻璃升降机、密封条、相关的电控装置、按钮及开关等。内饰盖板包括固定板、芯板、内饰蒙皮及内扶手等。车门通过车门铰链与门柱相连，车门铰链通过螺栓连接或焊接方式固定在立柱或车门框上。

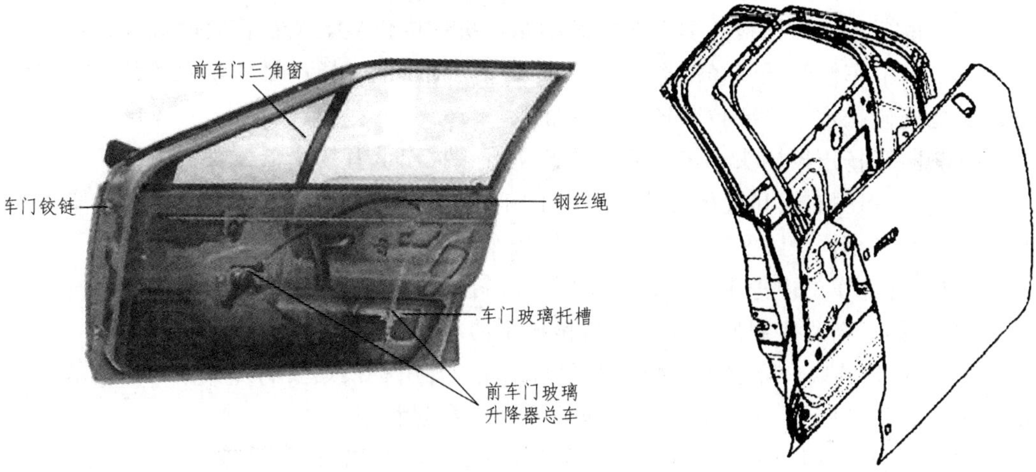

图 3-3-3　车门的结构

任务准备

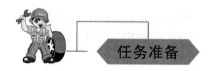

（1）场地：理实一体化教室。
（2）器材：实训整车 2 两、拆装工作台、工具 2 套。

任务训练

一、右前车门的拆装

首先准备好开口扳手、套筒扳手、一字螺丝刀、十字螺丝刀等工具。

（一）右前车门的拆卸

（1）拆卸蓄电池连接线。用开口扳手先拆卸负极，后拆卸正极。

（2）拆卸车门内把手饰盖。用一字螺丝刀对着车门内把手位置的小缺口处撬出内把手饰盖。

（3）旋出内把手紧固螺钉。十字螺丝刀拆卸上下支点各一个螺钉。

（4）拆下车门内把手饰框。用一字螺丝刀在边缘微微撬起，并将内把手饰框向右侧拉出，撬起时注意不要损伤饰板表面。

（5）旋出车内饰的紧固螺钉。用十字螺丝刀拧出图示位置的十字螺钉。

（6）取下内饰板。轻轻取下内饰板。（注意：对左前门，须先拆下外后视镜和门控开关的调节旋钮插头才可取下内饰板。）

（7）取下车门内饰板并拆下车门杂物箱。拆卸内饰板上杂物箱的固定螺钉。

（8）拆下车门侧低音扬声器。用十字螺丝刀旋出低音扬声器的紧固螺钉，注意拆卸后，要慢慢扶住，不要拉断扬声器的插头。

（9）断开扬声器插头。按动插头的锁止舌，拔出低音扬声器插头。

（10）拆卸侧支架和底部支架。用冲子向内冲出固定卡子的中心销。注意：底部支架固定卡略有不同。冲子冲下的销子会掉进车门内，注意取出。

（11）拆卸车门内把手支架，旋出紧固螺钉。

（12）拆下防水密封膜。从边缘慢慢撕下防水密封膜，注意不要撕破。

（13）断开玻璃升降器连接插头及塑料固定夹。用手摸到玻璃升降器的插头及固定卡位置，并将其断开。（注意：此时玻璃要处在升起状态。）

（14）拉出车门门框密封条。从一侧轻轻拉出车门门框的密封条。

（15）拆卸车门限位器前盖。慢慢拔出车门限位器前盖，注意前盖的安装方向。

（16）拉出车门限位器密封垫，撕下密封垫。

（17）拆下车门限位器轴栓锁圈。用一字螺丝刀撬起红色标记处后拉出即可。

（18）拆下车门限位器轴栓。用十字螺丝刀从下部往上顶出，取下轴栓。

（19）拆下限位器总成。

（20）断开中控门锁连接插头。

（21）拆下车门外把手紧固螺栓。用十字螺丝刀旋出门锁固定螺栓，螺栓为反扣。两侧车门紧固螺栓旋向相反。

（22）取下车门外把手。

（23）拆卸车门锁固定螺钉。

（24）拆卸车门内手柄防护垫。

（25）拆卸车门内手柄。用一字螺丝刀撬出固定点，向前拉出内手柄。

（26）拆下锁拉杆的连接并取下车门内手柄，注意拉杆钩子的方向。

（27）松开车门锁与塑料接头的连接。松开塑料接头的连接，并注意接头的连接位置。

（28）脱开车门锁与车门内把手横拉杆的连接并取下门锁，注意拉杆钩子的方向。

（29）拆卸车门闭锁横拉杆的塑料装饰条。

（30）拆卸门锁执行器的两个螺栓，拆下中央集控门锁执行器。

（31）将集控门锁拉杆与车门闭锁横拉杆从塑料连接件上分离并取出连接件，并注意连接件钩子的方向。

（32）拆卸玻璃升降器的紧固螺栓。通电降下玻璃，直至看到两个紧固螺栓，后拧松即可。

（33）拆下车门外侧导槽，此时应完全降下玻璃，并再次断开连接插头。用一字螺丝刀从导槽外边缘缝隙处撬起并往上提。

（34）取出前车门玻璃。抬高玻璃后侧，从槽中拆下玻璃前侧，抬起门窗玻璃，从车门外侧取出玻璃。

（35）拆卸电动玻璃升降器。旋出剩余玻璃升降器的固定螺栓，电动机的固定螺栓较其他的螺栓略长。

（36）取下电动玻璃升降器。

（37）用手撬出外后视镜内饰盖，注意不要损坏内饰的固定夹。

（38）旋出外后视镜固定螺栓及内饰固定卡。

（39）断开后视镜插头。按动插头的锁止舌，拔出后视镜插头。

（40）拆下后视镜。

（41）将中控锁线束从车门内侧孔中慢慢拉出。

（42）拆下车门铰链螺栓。两人协同配合，人扶住车门，一人旋出螺栓，最后取下车门。

（二）右前门的装复

安装右前门时按拆卸的相反顺序进行装复，注意拆卸时的位置和痕迹，以便调整车门总成内各附件的位置，尤其是固定卡子的位置。安装车门铰链螺栓时注意要交替拧紧。

二、右前门的调整

安装车门时，要注意前后结构件的间隙，以及车门锁位。当车门与周边结构件间间隙不正确时，首先要考虑是否和铰链有关，如果间隙相等但车门开关困难，则应考虑锁位与锁扣之间是否错位。检查时，把门关上，检查门前后的间隙是否相等，门与车身线是否平行，从车门的侧面观察门是否有凹凸等现象。当安装完毕后，还应观察车内门灯是否熄灭，如果没熄灭，则说明车门配合间隙有问题，要重新调整车门位置。

调整车门即是通过调整车门铰链、锁座的方式来对车门进行调整。

因为车门铰链与车门锁座可以在其加大的孔内移动，所以可以使车门在上下、前后及内外方向移动，以确保车门的安装位置正确。

（1）拧松铰链的紧固螺栓，将车门前后、上下调整，使它与车门框装配妥当。

（2）拧松锁座上的固定螺栓，将锁座向上下或向外调整至与车门锁对齐，啮合良好为止。

任务拓展

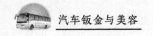

焊接成形车门与一体成形车门的区别

很多人一直以来有个思想是：车门是否已经严重影响到整体车辆的安全，所以先入为主地认为一体成形的车门安全性好过焊接成形的车门。但是，查阅相关资料后发现，影响整车安全的因素主要是车门的结构、车门内部的防撞梁和车辆 B 柱的坚固度。在汽车的侧面碰撞中，与车门内部防撞梁的结构有很大的关系，目前还无确切实际数据表明车辆的焊接成形车门和一体成形车门到底哪种安全。因此我们在这里细述下两者的区别。

首先一体成形车门是冲压成形的。钢材本身的强度是安全的关键，钢材要延展性好才行，而提高延展性的前提是降低钢的强度。从车门的形状看，车门成形是从外向内（对于安装后）冲压成形，然后包上车门钣金的。车窗窗框比较窄，一体成形的车门要在整块钢板上冲压掉车窗玻璃的位置，而车门下部还要冲压出深度。这就需要经过更多次的冲压工艺步骤，如果金属材料的延展性不好，就会造成局部变形区由于金属晶粒拉伸变形较大而强度下降。

而对于焊接成形车门，焊接位置并不一定造成金属强度下降，反倒是局部强度上升，韧性会下降一些。但如果焊接技术不好会造成局部脆硬，受到撞击变形较大时会比较容易出现断离。一体成形车门的优点是整体冲压成形，质量比分体冲压然后焊接成形的更容易控制；缺点是必须使用延展性好的钢板，而且冲压模具成本以及钢板用量比焊接成形的高。分体冲压然后焊接成形的车门，优点是模具以及钢板用量等方面的成本会低一些；缺点是焊接工艺过程的质量控制比较难，因为车门钢板的厚度相对于焊接工艺来说有些偏薄，若焊接工艺控制不好，则会造成局部强度明显下降。

任务四　发动机舱盖拆装与调整

任务描述

因前车倒车不慎，将车辆发动机舱盖撞坏，如图 3-4-1 所示，需要对发动机舱盖进行拆装修复。

图 3-4-1　发动机舱盖损伤

任务目标

（1）能描述发动机舱盖的结构形式。

（2）会对发动机舱盖进行拆装和调整。

任务学习

一、发动机舱盖的结构

发动机舱盖位于汽车的正前方上部，是遮盖和保护发动机的一个车身板件总成，多采用高强度钢板冲压成网状骨架和蒙皮组焊而成，如图 3-4-2 所示。多数轿车还在夹层之间使用了耐热点焊胶，使之确保刚度并在其间形成良好的消声胶层。

图 3-4-2　发动机舱盖

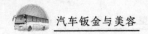

发动机作为汽车前部的最大部件，经常会受到撞击变形。比如说，高空坠物会砸伤发动机舱盖，前部遭受碰撞也会使发动机舱盖出现变形，因此在修复前，要观察清楚到底是要进行凹陷变形损伤的修复，还是进行整体部件的拆装更换。同时修复时要注意避免破坏夹胶的减振与隔音作用。

二、发动机舱盖的组成

轿车发动机舱盖的总成主要由发动机舱盖、发动机舱盖隔热垫、发动机舱盖铰链、发动机舱盖支撑杆、发动机舱盖锁、发动机舱盖开启拉索以及发动机舱盖密封条等零件组成。

三、发动机舱盖的作用

发动机舱盖除了装饰作用外，还起到隔音、隔热、减振及阻隔发动机舱内外部件的作用，既可阻止外界因素进入发动机舱产生侵蚀，也可阻止发动机舱内的污浊、湿热空气外泄。

任务准备

（1）场地：理实一体化教室。

（2）器材：实训整车 2 辆、拆装工作台、工具 2 套。

任务训练

一、发动机舱盖的拆装

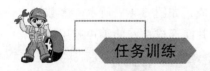

首先准备好开口扳手、套筒扳手、一字螺丝刀、垫布等工具。

（一）发动机舱盖的拆卸

（1）打开发动机舱盖开启拉索，用手轻轻向上拉动开启拉索，可听到“啪”的一声，即为开启。通常开启拉索的位置在仪表台左下方或驾驶员座位地板的左边，如图 3-4-3 所示。

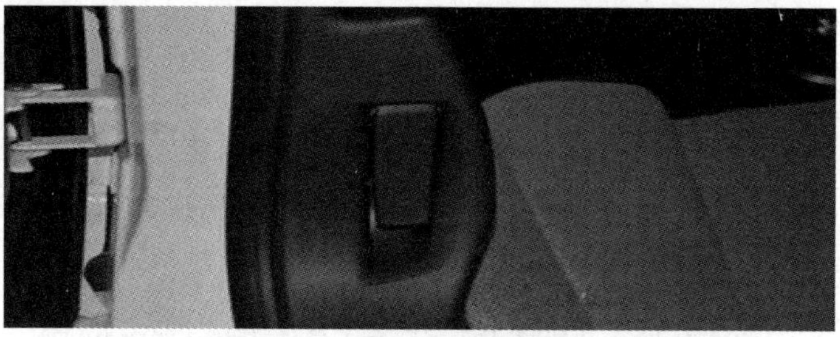

图 3-4-3　发动机舱盖拉索位置

（2）支撑发动机舱盖。用手拨开发动机舱盖锁扣，用支撑杆支撑发动机舱盖，注意对准位置，以防脱落，如图 3-1-6 所示。

（3）断开蓄电池连接线。用开口扳手先拆卸负极，后拆卸正极。

（4）拔下玻璃清洗器喷嘴软管。注意软管为橡胶材料，要用力均匀不要拉断软管。

（5）拆下玻璃清洗器喷嘴软管固定卡，用一字螺丝刀从一侧慢慢撬出。

（6）拆卸清洗器喷嘴。用手轻轻往前推，然后往上一提即可取下。

（7）拆下限位块及饰盖。将限位块旋转拧下即可；拆卸饰盖时用一字螺丝刀从一侧慢慢撬开取下即可。

（8）拆卸发动机舱盖铰链。拆卸两侧螺栓及垫片。需两人配合，一人拆卸时，另外一人扶住发动机舱盖，并注意要分次拧松，以防受力不均匀刮伤涂层及风窗玻璃。

（9）拆下发动机舱盖。两人配合作业，慢慢抬下发动机舱盖。

（二）发动机舱盖的装复

安装发动机舱盖按拆御的相反顺序进行。需注意拆卸时的位置和痕迹，以便调整发动机罩的间隙和位置。安装发动机舱盖铰链螺栓时注意要交替拧紧。

二、发动机舱盖的调整

通常，发动机舱盖在打开时是向后翻转的。发动机舱盖向后翻转时，与周边部件不可发生干涉。发动机舱盖应可以打开至某位置并在此固定，以满足车辆维修的需要。打开至最大开启角度时，与前风窗玻璃至少应保留 10 mm 的最小间距。

（一）发动机舱盖与翼子板及前围之间的调整

在拧紧发动机舱盖铰链螺栓之前，应先前后、左右调整发动机舱盖。即首先调整发动机舱盖与左右翼子板之间的间隙，稍稍松开铰链螺栓，左右移动发动机舱盖，扣上发动机舱盖后使其与左右翼子板间的间隙各为 4 mm，并且与翼子板对齐，其前端与翼子板的前端前照灯的前端保留足够的缝隙且光滑过渡，以避免开启时相互干扰，如图 3-4-4 所示。

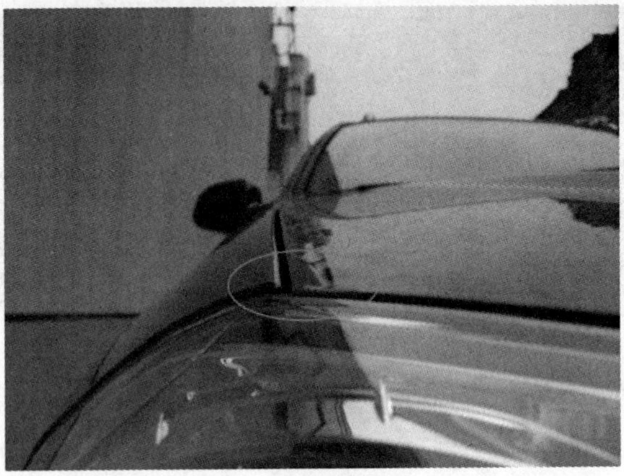

图 3-4-4　发动机舱盖与翼子板的间隙

（二）发动机舱盖高度的调整

发动机舱盖高度的调整可以通过下面两种方法来实现。

1. 通过调节铰链螺栓来实现

具体方法是：首先松开铰链螺栓，调整发动机舱盖使其上下对准，然后慢慢关闭发动机舱盖，并根据实际需要抬高或降低发动机舱盖的后部，当发动机舱盖的后部与前翼子板呈水平时，慢慢抬起发动机舱盖并拧紧铰链紧固螺栓。

2. 通过调整限位块来实现

具体方法是转动限位块，通过限位块调节发动机舱盖与翼子板间的相互高度，使发动机舱盖与前照灯的间隙为 5.5 mm，与格栅的间隙为 7.5 mm。

对于新更换的发动机舱盖，可能发动机罩边缘曲线变形比较严重，从而使发动机舱盖与翼子板间的高度相差很大。此时无法用上述两种方法来进行调整，遇到此类情况，可用双手扳动拱曲的部位使其复位；也可在发动机舱盖的前端垫上布团、软垫之类的物品，然后用双手轻轻压下拱曲部位，使发动机罩与翼子板边缘高度一致。注意：下压时要小心力度，以防用力过度而发生二次变形。

（三）发动机锁扣机构的调整

发动机锁扣机构用于发动机罩正确的关闭与松脱。慢慢合上发动机舱盖，当锁扣与锁闩对正时，发动机舱盖应在正中，不偏向任何一边；否则要拧松其紧固螺栓，前后左右移动锁扣使之达到要求。

（四）玻璃清洗器喷嘴的调整

用大头针等细小的针状物调节喷嘴，使其喷射的水距离玻璃最高处为 435 mm，喷水能达左右两端位置距离玻璃左右端为 320 mm。

任务拓展

上弹式发动机舱盖系统

2008 年 9 月，本田公开了局部改进的高级轿车“legend”采用的上弹式发动机舱盖系统。在传感器检测到与行人发生正面冲撞后，致动器就会将发动机罩上掀约 10 cm，以减轻发动机罩对人头部撞击的冲击力。

上弹式发动机舱盖系统利用配备在前保险杠上的 3 个加速度传感器（前后方向的单轴）检测是否与行人发生了碰撞，检测时间仅为 0.01 s。另外，致动器将发动机舱盖掀起只需 0.02 s，因此在撞到行人后 0.03 s 左右的时间内便可将发动机罩掀起约 10 cm，在发动机舱盖撞到行人头部之前，发动机舱盖即掀起确保与发动机舱之间的空隙，从而减轻对行人头部的冲击。

致动器在收到加速度传感器的信息之后，就会点燃致动器内部的火药，顶起活塞，活塞碰撞使铰链变形，从而使发动机舱盖保持上掀状态。

上弹发动机舱盖的 ECU（电子控制单元）和加速度传感器由京滨（KEIHIN）制造，致动器由高田（TAKATA）制造。加速度传感器安装于保险杠臂前方配备的安全护板（SafetyPlate）部件上。该安全护板可轻易弯曲，因此兼具脚部保护功能。

任务五　后备箱拆装与调整

任务描述

汽车发生追尾事故后，被追尾的车辆后备箱损伤变形严重，如图 3-5-1 所示，需对后备箱进行拆装修复。

图 3-5-1　后备箱损伤变形

任务目标

（1）能描述后备箱的结构组成。

（2）会进行后备箱的拆装和调整。

任务学习

后备箱是装载物品的空间，由后备箱组件与车身地板钣金件构成。后备箱基本位于轿车车身的后部，三厢轿车的后备箱是与车厢分隔开的，两厢轿车的后备箱是与车厢相通且合二为一的，如图 3-5-2 所示。

（a）三厢车后备箱

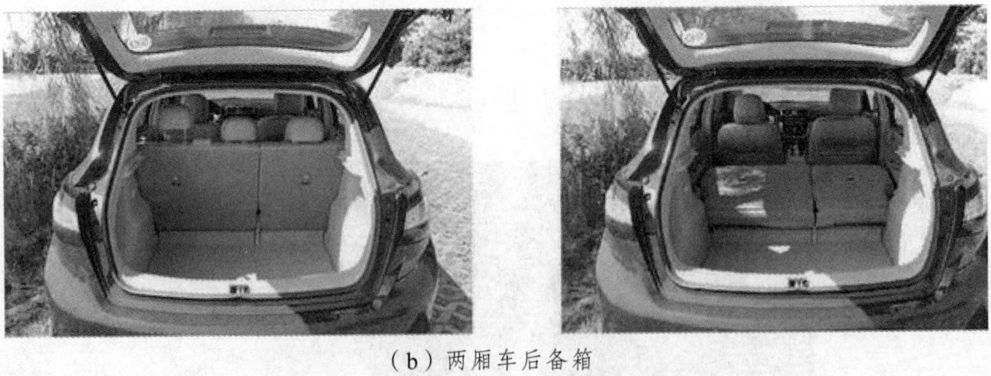

（b）两厢车后备箱

图 3-5-2　轿车后备箱

无论哪种后备箱，都是密封后备箱的关键部件，它是用两个冲压成形的冷轧钢板经折边、粘接制成。后备箱的结构与发动机罩相同，都是由外板、衬板和加强梁组成。

一、后备箱的结构组成

汽车后备箱主要由外板、内衬板和内衬板上的加强梁组成。内衬板和外板的四周采用折边连接方式，内衬板上的加强梁和支座通过点焊焊接于后备箱上，并用密封胶涂抹于内板和外板的间隙中，以增强后备箱总成的整体刚度和强度。

二、后备箱的作用

后备箱是乘客放置行李的场所，要求防尘、防潮、防热，以保护其中物品不受损坏。因此后备箱关闭后，需要起到以上作用，防止雨水、灰尘等异物进入后备箱，同时应具备良好的气密性。

任务准备

（1）场地：理实一体化教室。

（2）器材：实训整车 2 辆、拆装工作台、工具 2 套。

任务训练

准备好开口扳手、套筒扳手、一字螺丝刀、垫布、十字螺丝刀等工具。

一、后备箱的拆卸

（1）打开后备箱。用手轻轻触动驾驶室仪表台中部的控制开关，有些车辆的控制开关在后备箱或钥匙上。

（2）抬起后备箱。双手轻轻抬起行李舱，并置于限位位置。

（3）断开蓄电池连接线。用开口扳手先拆卸负极，后拆卸正极。

（4）拆下后备箱灯灯罩。在螺丝刀底部垫上软布，从灯罩的一侧撬出。

（5）断开后备箱照明电路插头。拉出后备箱灯的线束，拔下后备箱灯的供电插头。

（6）拆卸两侧后尾灯。用套筒扳手拆卸两侧的后尾灯紧固螺栓。注意：小心螺母不要掉落在内部。

（7）拆卸后备箱盖品牌标志饰板两侧螺栓。用套筒扳手拆卸两侧的紧固螺栓。

（8）拔下后尾灯。推出后尾灯，拔下插头取下后尾灯。

（9）拆下后备箱锁饰板。用十字螺丝刀拆卸螺栓，取下饰板。

（10）断开行李舱锁调节电动机线束插头。用手按压卡舌，拔下插头。

（11）旋出后备箱锁紧固螺钉。用十字螺丝刀拆卸十字螺钉。

（12）拆卸后备箱的锁柱。旋出紧固螺钉，拆卸锁柱。

（13）拆卸后备箱盖品牌标志饰板。用套筒扳手拆卸中间的最后的紧固螺栓，并取下饰板。

（14）拆卸后备箱灯触控开关。用十字螺丝刀拆卸紧固螺钉，并拉出后备箱触控开关。

（15）拔下后备箱灯触控开关插头。轻轻拔下插头，注意不要拉断线束。

（16）拔出行李舱总线束。拉出时剪断线束固定条，并小心不要损坏插头。

（17）拆卸后备箱与铰链连接螺母。用快速套筒扳手拆卸每侧带垫片的螺母，注意拆卸时两人配合，防止后备箱掉落砸伤玻璃。

（18）两人配合取下后备箱。

二、后备箱的装复

安装后备箱时按照拆卸的相反顺序进行装复，注意拆卸时的位置和痕迹，以便调整后备箱的间隙和位置。同时要注意，安装时要更换新的线束固定带和固定卡。

三、后备箱的调整

后备箱的调整方法与发动机舱盖相似，通常也是采用调整后备箱铰链、后备箱锁扣和调整限位块的方式来调整后备箱的间隙。

1. 调整行李舱铰链的方法

方法与调整发动机罩铰链一样，在拧紧后备箱铰链螺栓之前，应先前后、左右调整后备箱，使后备箱合上后两侧分别与后侧围板之间的间隙保持一致。方法是稍稍松开铰链螺栓，左右移动后备箱，扣上后备箱后使其与左右后侧围板之间、后备箱尾灯与车身后尾灯之间的间隙各为 4 mm，使后备箱前端与后风窗玻璃之间的缝隙间距为 7.2 mm。然后慢慢关闭后备箱，并根据实际需要抬高或降低后备箱的后部，当间隙符合标准时，慢慢抬起后备箱并拧紧铰链紧固螺栓。

2. 调整后备箱限位块的方法

方法与调整发动机舱盖限位块的方法一样，同样是通过转动限位块，来调节后备箱与两后侧围板之间的相对高度。

3. 调整锁扣机构的方法

当慢慢合上后备箱时，锁扣与锁闩对正，后备箱应在正中，不偏向任何一边，否则要拧松其紧固螺栓，前后左右移动锁扣使之达到要求。

任务拓展

后备箱的开启方式

方式 1：可自动开启的后备箱

许多奥迪汽车可提供具有自动开启和关闭功能的后备箱，操作简单方便。不同的车型，只需按动驾驶员车门面板上的按钮、后备箱凹框把手内的软触按钮或中控锁遥控器，即可开启和关闭电动后备箱。如果想再次关闭后备箱，只需要简单地按下后备箱盖内部的按钮。有些奥迪车型，可以选装机械式后备箱控制系统，此系统可以通过弹簧装置开启后备箱，并手动关闭后备箱。

方式 2：以无接触的方式开启后备箱

司机手里拿着公文包、商务手推车等东西站在新 BMW7 系后方，只需要做一个小动作：微微抬下脚，后备箱就会自动开启。同时，后备箱将解锁并自动摆动打开。后保险杠面板中的不同高度处安装有多个用于检测人体的传感器，它们会记录胫骨与脚尖之间这一部位的运动，并向车载电脑发送开启信号。为了排除误操作，只有系统通过无线电信号检测到抬脚的人携带有车钥匙时，才会打开后备箱。

任务六 风窗玻璃拆装与调整

任务描述

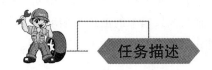

风窗玻璃破损严重，如图 3-6-1 所示，需要对前风窗玻璃进行更换。

图 3-6-1 前风窗玻璃的损坏

任务目标

（1）能描述汽车玻璃的结构类型。

（2）会对风窗玻璃进行拆装和调整。

任务学习

一、汽车玻璃的类型

汽车玻璃是汽车车身附件中必不可少的，主要起到防护作用。常见的汽车玻璃有钢化坡璃、区域钢化玻璃、夹层玻璃、着色玻璃、带天线玻璃及除霜玻璃等。

夹层玻璃是指用一种透明可黏合性塑料膜贴在二层或三层玻璃之间，将塑料的强韧性和玻璃的坚硬性结合在起，增加了玻璃的抗破碎能力。

钢化玻璃是指将普通玻璃淬火使内部组织形成一定的内应力，从而使玻璃的强度得到加强，在受到冲击破碎时，玻璃会分裂成带钝边的小碎块，对司乘人员起到很好的保护。

区域钢化玻璃是钢化玻璃的一种新品种，它经过特殊处理，能够在受到冲击破裂时，其玻璃的裂纹仍可以保持一定的清晰度，保证驾驶员的视野区域不受影响。

国家的法律法规规定了汽车前风窗玻璃必须采用夹层玻璃，因为夹层玻璃安全，在重球撞击下可能碎裂，但整块玻璃仍保持一体性，碎块和锋利的小碎片仍与中间膜粘在一起，为驾驶员和乘客提供了足够的安全保障。目前大多数汽车的前风窗玻璃采用夹层钢化玻璃和夹层区域钢化玻璃，其能承受较强的冲击力，能提供较大的安全性能。

二、风窗玻璃的固定方式

风窗玻璃的固定方式主要有两种，即胶粘法固定和橡胶条法固定。

1. 胶粘固定法

一般多用于前风窗玻璃和全封闭车身的侧车窗，其中全封闭侧车窗玻璃多为中空式双层玻璃。当汽车发生碰撞事故时，可确保车内乘客不至于因强大惯性而被抛出窗外；可以弥补为扩大视野使窗柱变细所带来的刚度不足。

2. 防风雨橡胶密封条固定法

主要用于前后风窗玻璃的装配，也可用于固定侧窗玻璃。具有足够弹性和强度的橡胶条介于玻璃与车身之间，不仅能消除玻璃与车身之间的装配间隙，而且还能减轻对玻璃的振动。用橡胶条法装配的汽车玻璃也要用液体聚硫橡胶之类的玻璃密封剂，在橡胶条周围与车身及玻璃的接口处填充，这样可提高所装玻璃的密封性和可靠性。

三、汽车风窗玻璃的功用

汽车玻璃不仅仅是遮风挡雨的工具，它与安全带、安全气囊合称为汽车安全保障三要素，共同保障车内人员的安全。安装牢固的风窗玻璃可以在发生碰撞时有效支持安全气囊，限制前排乘员前移距离，降低乘员受到的伤害。同时风窗玻璃还起到支撑和加强车辆结构的作用，在碰撞时减小 A 柱变形，使车门能够自由地打开。

任务准备

（1）场地：理实一体化教室。

（2）器材：实训整车 2 辆、拆装工作台、工具 2 套。

任务训练

轿车的前风窗玻璃多是采用胶粘法进行固定的，因此我们以此为例进行讲解。首先准备好开口扳手、套筒扳手、十字螺丝刀、抹布、胶带、吸盘、密封胶枪、切割刀、密封胶、风窗玻璃固定架、电动切割刀等工具。

一、前风窗玻璃的拆卸

（1）打开发动机罩开启拉索。用手轻轻向上拉动开启拉索，可听到“啪”的一声，即为开启。

（2）拆卸刮水器摇臂罩盖。用螺丝刀从缺口位置撬出两侧刮水器摇臂轴上的罩盖。

（3）拆卸刮水器摇臂轴固定螺栓。用套筒扳手拆卸两侧的紧固螺栓。

（4）摇动刮水器摇臂，松动后取下摇臂。注意：取下摇臂时需先将刮水器拉起，再从螺栓中取下。

（5）轻轻关上发动机罩。

（6）拆卸两侧前门柱上部饰板。用一字螺丝刀一次撬开各塑料卡子。

（7）拆卸后视镜。按箭头方向向下压，取下后视镜。

（8）松开风窗玻璃的密封条。用塑料螺丝刀从玻璃凸缘处松开，然后拉出密封条即可。

（9）切割风窗玻璃密封胶。可采用以下 3 种方法进行切割风窗密封胶。

方法 1：用切割线进行切割。从玻璃凸缘处装入，并拉进车门，让玻璃来回拉动切割线。注意：拉动时不要损伤车体表面。如需要可做保护措施。

方法 2：用玻璃切割刀进行切割。用切割的刀具从上部开始，自上而下依次割开密封胶。注意：此类切割多用在有装饰的金属边风窗玻璃，同时切割时注意小心不要割伤手。

方法 3：电动工具进行切割。选择合适的切割头和合适的速度。

（10）取下风窗玻璃。两人配合取下或将稳定吸盘至于风窗玻璃外部中间位置，单人取下风窗玻璃。将取下的玻璃置于玻璃固定架或无钢圈的轮胎或软垫上。

二、前风窗玻璃的装复与调整

前风窗玻璃的装复顺序与拆卸顺序相反。需要注意以下不同之处：

（1）在拆御下玻璃后需对前风窗玻璃安装处和风窗玻璃上旧的密封胶进行清洁。方法是首先用切割刀对旧的密封胶进行切割，然后用抹布对风窗玻璃及其安装处进行清洁除尘。

（2）在轿车上前风窗玻璃的安装处（原始密封胶位置）涂粘接剂。首先在密封胶枪的喷嘴上切割出一个斜口，利于粘接剂的涂抹，在涂抹时要自上而下垂直地进行，并注意手法上要直、稳、齐。

（3）安装前风窗玻璃。在安装时两人将风窗玻璃抬起至于安装位置上方，先将风窗玻璃的下端穿进发动机罩后端，并将其置于下部密封胶的上方，而后按风窗玻璃和车身上的参考记号为依据，从上部边缘轻轻将玻璃压入。用刮刀在玻璃边缘上涂抹粘接剂，用刮刀除去过量的或溢出的粘接剂。

（4）安装状况检查。用柔和的水流检查安装情况。不要将水直接喷到新涂上的粘接剂上面。让水从玻璃边缘流过。如果发现泄漏，则在泄漏点涂上附加的粘接剂。一般情况下粘接剂在室温下硬化，需要 6～8 h 以上。

任务拓展

前风窗玻璃的修复技术

汽车前风窗玻璃破碎的主要原因是前方车辆带起或逸散的小石子打击到前风窗玻璃上造成的，由于前风窗玻璃的安全夹层设计，一般会在风窗玻璃的外层玻璃上造成星形裂纹、牛眼型等破损。这些破损如果不进行相应的处理会在几小时到几个月的时间内扩展成长裂纹，导致风窗玻璃的完全损坏，给车主造成更大的损失。

对于车主来说，如果只是因为星形、牛眼、裂缝等轻微的损伤花上几百元甚至上万元而更换一块玻璃，确实有些浪费，也令很多车主心疼不已。而玻璃修复不但可以修复玻璃轻微损伤，甚至不用换玻璃，不用换膜，不但给车主省了钱，也给维修带来了极大的便捷性。

传统的更换玻璃要经过拆卸、清洁、打胶、定位等多道复杂的工序，且无法完全恢复到原有状态，如安装不好还可能出现“漏风、漏雨、风噪增大”等隐患，而且因工序复杂、更换作业时间长、费用高，一般更换前风窗玻璃费用为300～500元，多则上万元。

玻璃修复技术采用当今最先进的真空压注技术，不但可以把裂痕修复得完美无瑕，而且价格便宜，几十分钟即可完成更换作业，省时更省钱，是修复玻璃轻微损伤的首选。其修复流程要经过烘干（间断性的烧烤），打眼，清洁处理（把钻过的玻璃碎渣和灰尘清理干净），抽真空（用专用工具把两玻璃中的空气抽掉），注入填满缝隙的树脂粘接剂，紫外线灯照射（胶在紫外线下快速凝固），最后抛光处理等一系列过程。

修复玻璃前应注意以下一些事项：

（1）如果发现玻璃破碎请不要打眼，如果打眼，修复完后会留下眼的痕迹。

（2）如果发现玻璃破碎请把前风窗玻璃位置的空调关掉，否则会让裂纹延伸。

（3）如果发现玻璃破碎，请尽量不要用水冲洗裂纹部位，会影响修复效果。

（4）如果发现玻璃破碎，最好用胶带把裂纹位置贴住，以免进灰尘。

（5）如果发现玻璃破碎，时间越短修复效果越完美。

（6）修复完后，两天内不要用水冲洗修复部位，两天内不要开修复玻璃部位的空调。

项目四

汽车车身测量

任务一　汽车车身测量基础知识

任务描述

事故碰撞后严重变形，车身重要结构件已受损。若对汽车进行校正修复，则在校正前必须对车身进行测量。

任务目标

（1）能找到车身测量基准的位置。

（2）了解车身测量所需的工具。

（3）熟悉车身测量工具的使用方法。

任务学习

汽车车身的各个金属板件，在生产过程中通过定位夹具来保证车身各部件空间尺寸的准确性，然后再准确地焊接在一起。发生事故后，车身部件的变形、损坏需要进行校正或更换。变形后的部件，不管维修和更换都有一个共同的要求，就是要保证车身各部件准确的配合，这就需要通过恢复每个车身部件的空间三维尺寸来达到。

事故车变形的部件若要恢复到原车的标准尺寸，在维修中三维测量则是必不可少的一项工作，它贯穿整个维修过程。车身检测、变形部件的恢复、更换板件的定位等工作都需要测量来控制。有许多维修技师往往通过经验来进行车身维修，这经常会使车身尺寸偏差过大。以经验来控制维修进程的方法不能保证车身尺寸的准确性，还会导致汽车车身尺寸偏斜或性能受到影响。

车身尺寸特别是车身内部结构件尺寸的不正确会影响安装在上面的覆盖件之间的配合，在进行车身修复时，有许多维修人员往往把大量的精力和时间花费在外部覆盖件的调整上，而忽视了内部结构件的准确定位，这样修复车身不仅浪费了大量的时间，而且修复的板件从外观上也不能够保证准确地配合。有些维修人员在结构件没有准确定位时，急于安装覆盖件，结果因安装位置不对，只能在结构件上重新制作新的安装位置。在车身校正过程中，必须要把所有的结构件的空间尺寸调整、恢复到标准尺寸后，才能够进行外部覆盖件的安装与调整，否则不仅调整时间长，而且维修质量也不高。

车身是汽车的基础，其他所有部件都安装在车身上面，车身空间尺寸的准确与否会影响汽车性能。比如发动机的安装位置的三维尺寸不正确，会造成发动机安装困难，还会造成发动机在高速行驶时发生抖振。悬架的空间尺寸应准确，否则会影响车轮的定位参数，减振器的轴线就是车轮定位参数中的主销，而减振器安装尺寸的空间位置会影响主销的角度，车轮定位不正确的车辆在行驶中会发生跑偏、轮胎偏磨等问题。影响车辆的安全性。齿轮齿条式转向器装配在车身上，这些安装点的尺寸不正确会导致转向操作失灵，齿轮齿条过度磨损等问题。这些问题的出现往往是由于尺寸不正确导致的，仅仅通过机械部件自身的微调是不能从根本上解决以上问题的，必须把安装尺寸恢复到标准尺寸范围内，这些问题才会得到解决。

车身部件尺寸的不正确不仅会影响汽车的行驶性能，更重要的还会影响车辆的安全性，在车身上有安全气囊的警戒传感器和碰撞传感器，车身尺寸的变化会影响气囊的开启时间。气囊只有在正确开启的情况下才能够起到保护作用，气囊起爆时间过早会导致气囊中的气体冷却、气囊收缩，保护作用不够；而气囊起爆时间过晚，起爆的巨大力量会对因惯性前冲的车内人员造成巨大的冲击，甚至可能会折断乘客的颈椎，造成致命伤害。

任务准备

（1）场地：理实一体化教室。

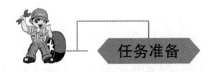

（2）器材：实训事故车辆 2 辆，车身维修工具 2 套。

任务训练

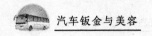

车身测量有三个重要检测，分别是作业前的检测、作业过程中的检测和竣工后的检测。作业前的检测目的是确认车身损伤状态和掌握变形程度，作业过程中的检测目的是对修复质量进行控制，竣工后的检测目的是验收和质量评估提供可靠的数据。不管是什么测量，都要有一个基准，就像使用直尺测量数据有一个零点作为尺寸的起点一样，车身三维测量也必须先找到长度、宽度和高度的测量基准，只有找到基准才能顺利进行测量。

一、车身测量基准

（一）控制点

车身、车架校正时，常用到四个控制点，即前横梁、前围板横梁、后车门横梁、车身后横梁。由四个控制点位边界，把车身分为三个部分：前部车身、中部车身和后部车身。第一控制点通常在前保险杠或水箱框架支撑部位，第二控制点一般在前悬架支撑点，第三控制点在车身中间相当于后门框部位，第四控制点在车身后悬架支撑点，如图 4-1-1 所示。

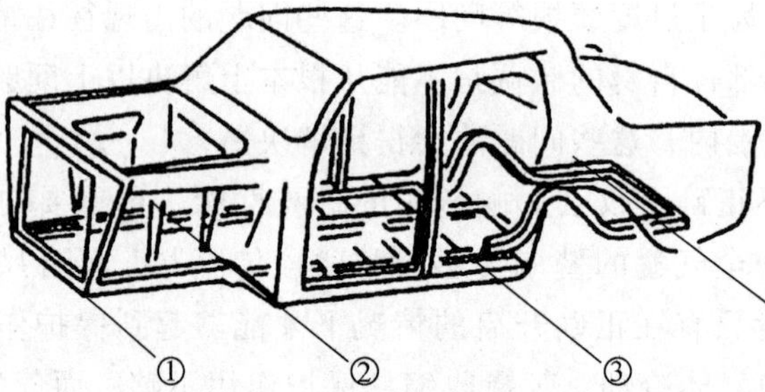

图 4-1-1　车身控制点

车身测量的控制点用于检测车身损伤与变形程度。车身设计与制造中设有多个控制点，车损鉴定时可以根据各控制点之间尺寸的变化判定车身的损伤程度及修复工艺和方法。

（二）基准面

基准面是一个假想的平面，与车身底板平行并与之有固定的距离。基准面被用来作为所有垂直尺寸的参照面，汽车高度尺寸的数据就是从基准面测量得到的结果，如图 4-1-2 所示。

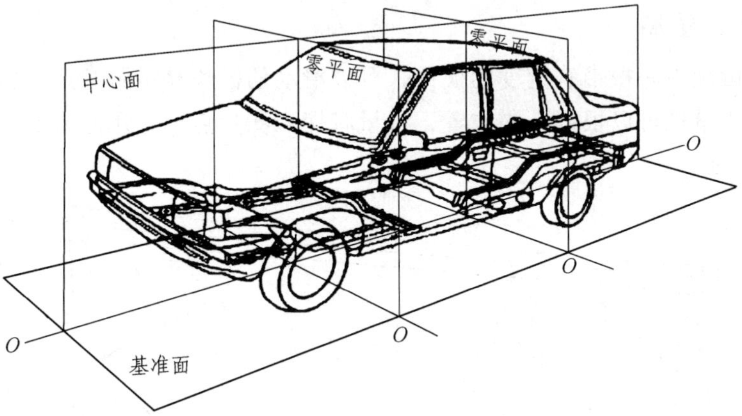

图 4-1-2 车身测量各个基准面

（三）中心面

中心面是三维测量的宽度基准，也是假想的平面，将汽车分为左右对称的两部分。对称的汽车所有宽度尺寸都是以中心面为基准测得的。大部分汽车都是对称的，汽车从中心面到车身右侧特定点的测量尺寸与中心面到左侧同一点的测量尺寸完全相同。

（四）零平面

为了正确分析汽车损坏，将汽车看作一个矩形，并分为前、中、后三部分，三部分的基准面称作零平面。车身结构中中部区域是一个具有相当大强度的刚性平面区域，在碰撞时受影响最小。所有的测量及对中的观测结果都与中心零平面有关。汽车前部和后部的长度尺寸是以这两个零平面为基准的。

二、汽车车身尺寸测量工具

（一）卷　尺

修理人员常用的基本测量工具有卷尺，如图 4-1-3 所示。可以测量点与点之间的距离。

卷尺无法直接量取间距时（两个被测量点中间有障碍物或两个被测量点不在一个平面时），可采用轨道式量规进行测量。

图 4-1-3 卷尺

（二）量规测量系统

量规测量系统有轨道式量规、中心量规和麦弗逊杆式中心量规等。轨道式量规多用于测量点与点之间的距离，中心量规用来检验部件之间是否发生错位，麦弗逊式中心量规可以测量麦弗逊式悬架支座是否发生错位。

1. 轨道式量规

轨道式量规由一根带有刻度的横尺、可以滑动的模块和量脚组成，常用材料为铝合金。轨道式量规可以根据不同位置，将量脚探入测量点，应用起来非常方便灵活，如图 4-1-4 所示。

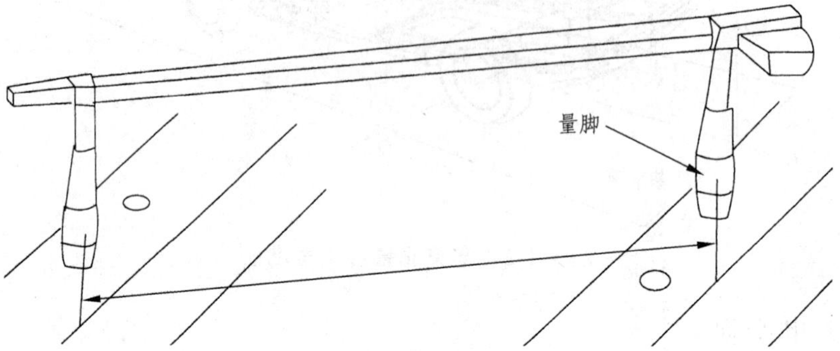

图 4-1-4　轨道式量规

轨道式量规每次能测量和记录一对测量点，同时还可以和另外两个控制点进行交叉测量和对比检验，其中至少有一个为对角线测量，测量的最佳位置为悬架和机械元件上的焊点、测量孔等。修理车身时，对关键控制点必须用轨道式量规反复测定并记录，以监测修理进度，防止过度拉伸。

2. 中心量规

中心量规，如图 4-1-5 所示。用来找到车辆的基准面、中心面和零平面等基准，找出偏移量，在车身修理中只能做一个大体分析，不能显示具体数据。

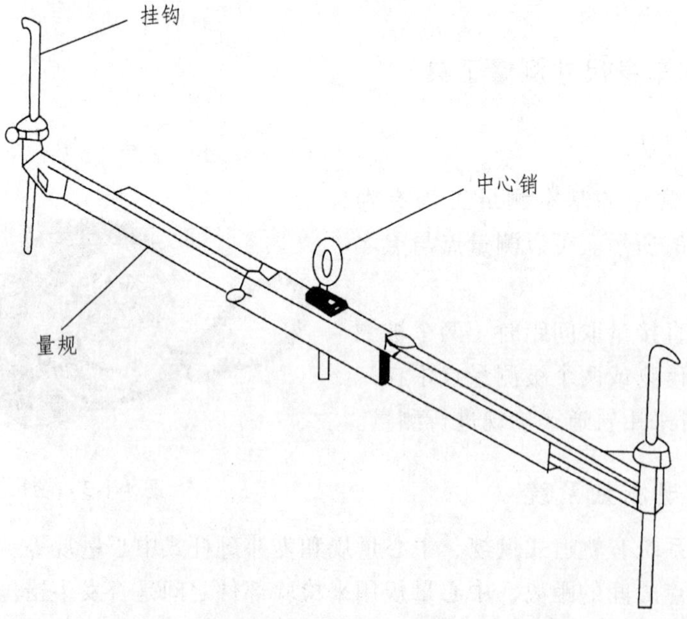

图 4-1-5　中心量规

3. 麦弗逊撑杆式测量仪

许多车辆均采用麦弗逊式悬架。为了检查车辆前部零部件的中心线和位置，通常采用撑杆式测量仪。它能够非常精确地测量滑柱座位置和其他前部零部件的位置。测量宽度尺寸时，将仪器安装在上横臂和轨道上，将下横臂中心线的瞄准销瞄准第二和第三号仪器的中心瞄准销。

（三）机械式三维测量系统

机械式三维测量系统由导轨、移动式测量柱、测量杆、测量针、接头组成，如图 4-1-6 所示。不仅能够同时测量所有基准点，而且能使测量更容易、更精确。在测量时，只要将通用测量系统绕车辆移动，就能检查车辆的所有基准点，而且能快速确定车辆上每个基准点的位置。

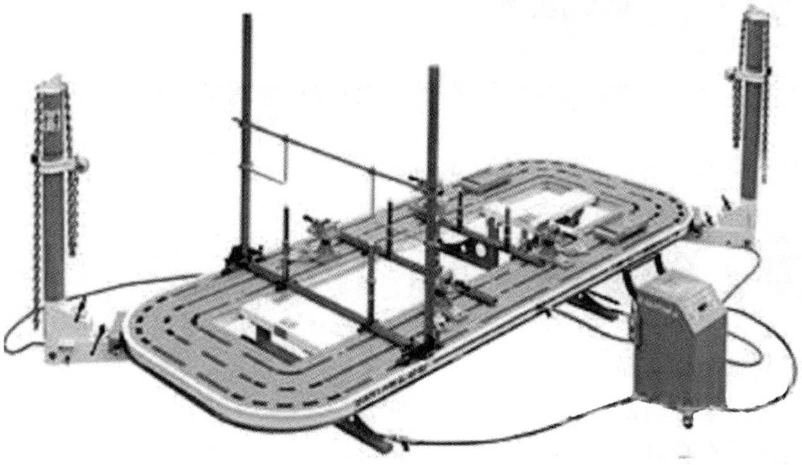

图 4-1-6 机械式三维测量系统

正确安装测量系统各个部件后，用测量头来测量基准点，如果测量出车辆上的基准点与标准数据图上的位置不同，表明车辆上的基准点有可能发生了变形。不在正确位置的基准点必须恢复到事故前的标准值，然后才能对其他点进行测量。

（四）超声波测量系统

在全自动电子测量系统中，目前应用最广泛的一种是超声波测量系统，它的测量精度可以达到 1 mm，测量稳定、准确，可以瞬时测量，操作简便、高效。超声波测量系统由超声波发射器、超声波接收器、控制柜及各种测量头组成。

超声波发射器由上下两个发声源同时发射超声波，由测量头转接器等安装在车身某一构件测量点上，发射器发送超声波，由于声音是以等速传播的，装在测量横梁上的两排 48 个接收器可快速准确地测量超声波在车辆上不同基准点之间传播所用的时间，计算机根据每个接收器接收情况自动计算出每个测量点的三维数据。

任务拓展

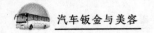

通过本任务的学习，尝试读懂车身数据图。

任务二　车身测量

任务描述

发生碰撞事故后的车辆车身损伤严重，在修复前先测量车身的数据。

任务目标

（1）会测量车身前部。
（2）会测量车身侧面。
（3）会测量车身后部。

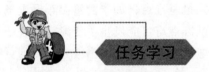

任务学习

一、常用量具的测量方法

（一）卷尺的测量方法

卷尺测量简单、方便，但测量误差大，用于对精度要求不高的场合。车身测量的许多基准点是孔洞，利用钢卷尺进行测量时，将卷尺的前端进行加工后，再插入控制孔测量时，会使测量结果更为精确。在用卷尺测量的基准点是孔时，一定要注意尺寸数据的读取方法，建议不要读取卷尺在基准点孔中心位置的刻度，应该读取基准点孔边缘位置的刻度。用眼睛来判断孔中心位置是困难的，而观察孔边缘比较容易。

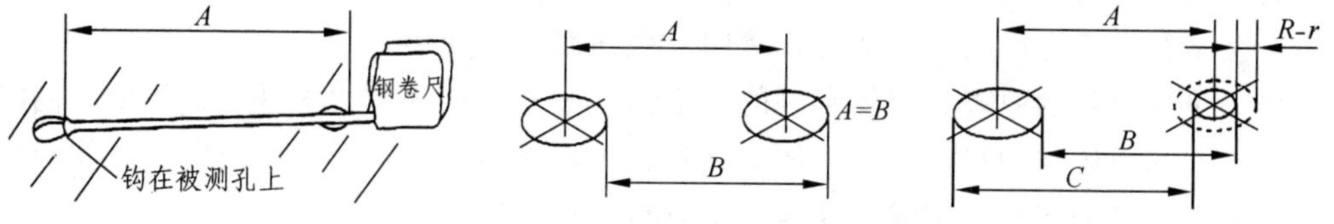

（a）从孔边缘测量　　（b）孔直径相等　　（c）孔直径不等

图 4-2-1　卷尺测量时的读取方法

（二）轨道式量规的测量方法

用轨道式量规对孔进行测量时，把测量尺调整到合适位置和合适高度，让两个测量头能自然落到测量孔中，然后从轨道尺上直接读出相应刻度，如图 4-2-2 所示。

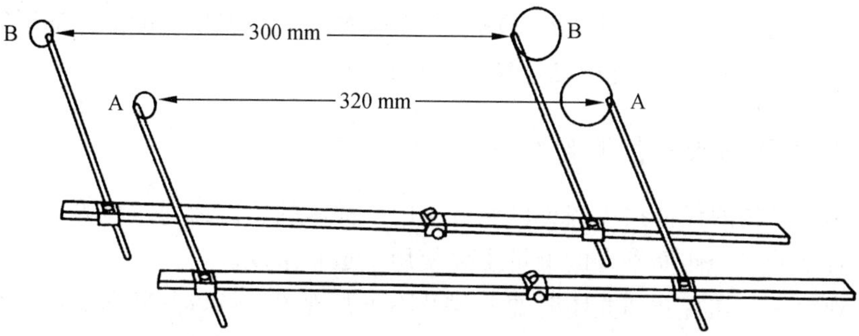

图 4-2-2　基准点边缘距离测量

一般测量孔的直径比轨道式量规的锥头要小，测量头锥头起自定心的作用。当测量孔径大于测量头直径时，为了用轨道式量规进行精确测量，在测量孔的直径相同时，就需用同缘测量法。先测得孔内缘间距，再测得孔外缘间距，然后将两次测量结果相加再除以 2 即可。

使用轨道式量规测量应注意：汽车上固定点如螺栓孔的测量位置是中心；点至点测量为两点间直线的距离测量；量规臂应与汽车车身平行，这就要求量规臂上的指针在测量某些尺寸时要设置成不同长度；某些标准车身数据要求平行测量，有些则只要求点至点之间的长度测量，还有的则两者都用，维修人员必须使用与车身表述的数据一致的测量方法，否则就很容易发生错误的测量；按车身标准数据测量损伤车辆所有点，损伤的程度通常用标准数据减去实际测量数据来表示。

（三）中心量规的测量方法

自定心量规安装在汽车的不同位置，在量规上有两个由里向外滑动时总保持平行的横臂，滑动横臂使量规在汽车不同测量孔上安装。量规（通常为 3 或 4 个）悬挂在汽车上后，每一个横臂相对于量规所附着的车身结构都是平行的，将四个中心量规分别安置在汽车最前端、最后端、前轮的后部和后轮前部。

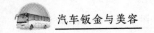

将平行杆式定中规悬挂好，通过检查定中销是否处于一条轴线上以及定中规尺面是否相互平行，就可以判断车架是否弯曲、翘曲或扭曲变形。

中心量规测量的原理是找到车辆的基准面、中心面和零平面等基准，找出它们的偏移量，在车身维修中只能做个大体的分析，它不能显示测量的具体数据。具体到每个尺寸的变形量的测量，则需要使用三维测量系统来测量。

二、前部车身尺寸的测量方法

前部车身数据图给出了典型的前部车身控制点，对照汽车厂家车身尺寸表就可对其进行检验。检验汽车前部尺寸时，轨道式量规测量的最佳位置是悬架及机械装置上的安装点，因为它们对中的正确与否很关键，每一尺寸应该对照另外的两个基准点进行检验，其中至少有一个基准点要进行对角线测量。通常，测量的尺寸越长，其精度越高。如果利用每个基准点进行两个或更多个位置尺寸的测量，就能保证所得到的结果更为准确，也有助于判断板件损伤的范围和方向。

三、侧面车身尺寸的测量方法

侧面车身结构的任何损坏都可以通过车门开关时的状态或通过检验车门周边缝隙的均匀与否来确定，侧面车身的测量主要使用轨道式量规。

通过观察车门在打开和关闭时的外观及不正常现象，可以判断车身侧围结构是否变形。对于某些变形部位，还应注意可能会漏水，因此必须进行精确的测量。

利用车身的左右对称性，通过测量对角线可以进行挠曲变形的诊断。这种测量方法适用于没有发动机室和车厢底部的尺寸，车身尺寸图上没有适用的数据，或因翻车而造成车身的严重损坏。对角线比较测量法并不适用于车身左右两侧都发生损伤变形情况下的检查，也不适用于扭曲的情况，因为这时测不出左右对角线的差异。如果左右两侧变形一样，那么左右两侧对角线差异并不明显。测量并比较左右长度，可以更清楚地知道损伤状况，这种方法适用于左右侧对称的部位。

四、后部车身尺寸的测量方法

后部车身的变形大致可通过后备箱开关和缝隙的变化来进行评估。为了确定损坏及漏水的可能性，要进行精确地测量。

任务准备

（1）场地：理实一体化教室。

（2）器材：实训用事故车辆2台、测量工具设备2套。

任务训练

一、机械式三维测量系统的操作

（1）穿戴好个人防护用品。

（2）调整车辆基准与测量系统基准。事故车被安装在车身校正仪上时，尽量要把车辆放置在平台的中部。调整四个主要夹具的位置和钳口开合程度，车身底部裙边要完全落入主夹具的钳口中。高度的基准按照要求调整到这套测量系统所要求的高度。

（3）把测量米桥尺（梯形尺架）放入到车身底部，在长梯上安装固定座和测量头（按照图纸说明选择合适的量锥头），选择车身中部四个测量点，来进行定位测量。

（4）测量车身中部前后基准点的宽度尺寸，移动米桥尺（梯形尺架），使得前后两边基准点的宽度尺寸相等，这时说明测量系统的中心线和车辆的中心线是重合的。

（5）根据车辆的损坏情况，选择长度方向的基准点，如图 4-2-3 所示。如果汽车前部碰撞就选择后面的基准点作为长度基准点；如果汽车后部碰撞就选择前面的基准点作为长度基准点；如果汽车中部发生碰撞，就需要对车辆中部进行整修，直到中部四个基准点有三个尺寸是准确的，然后按照前后损坏的情形选择前面或后面的基准点作为长度基准点。

图 4-2-3　通过基准点找到中心

（6）根据车辆的损坏情况，确定要测量的点，在车身上找到要测量的那个点后，在图纸上查出相应的标准数据。根据数据图的提示，选择正确的量杆和量头，安装在中心线杆（横尺）上，把量头与要测量的测量点配合。量头的选择正确与否非常重要，如果选择错误的量头，测量的高度尺寸数据将是错误的。从梯形尺架上读出长度数据，从中心线杆（横尺）上读出宽度数据，从不同高度的量杆上读出高度数据。那么要测量的点的三维数据就出来了，与标准数据对比就可以知道数据的偏差。

（7）侧面数据的测量。按照图纸的要求把三角立尺放置在长米桥尺上，设置好立尺的长度基准。在立尺上安装刚性量规的安装座，把刚性量规安装好，把标尺安装在刚性量规上，把标尺筒安装在长标尺上，然后再根据图纸要求选择合适的测量探头对侧面测量点或测量面进行数据测量和对比测量。

（8）上部尺寸的测量。按照图纸的要求把三角立尺放置在米桥尺上，设置好立尺的长度基准。调整上横尺高度的基准，把上横尺安装到位在两个立尺上，然后把刚性量规安装在上横尺上。在刚性量规上安装标尺座，选择合适的标尺筒、标尺柱和量头，然后安装在标尺座上就可以对上部发动机舱或后备箱的尺寸进行测量。

（9）测量完成后按照要求整理量具，清洁场地。

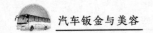

二、电子式测量系统的操作

（1）穿戴好个人防护用品。

（2）安放测量横梁。将车辆举升到一定高度，把测量横梁安放到车身下部。调整车身下部的最低点与横梁下平面的距离在 30 ~ 40 cm，横梁与车辆方向调成一致。

（3）系统连接。电缆一端接到横梁端口上，另一端连接到机柜的接口上 BEAM 端口（在 SHARK 上有两个电缆连接口 BEAM 和 TEST。BEAM 是测量的连接口，TEST 为机柜自检连接口）。

（4）打开计算机，进入测量系统。开机后，系统将直接进入语言选择界面，选择对应语言。中文按键盘 1 或点击图标将进入下一界面，如图 4-2-4 所示。

图 4-2-4　语言选择界面

（5）进入欢迎界面。

（6）系统界面。点击 F1 将进入下一界面，如图 4-2-5 所示。

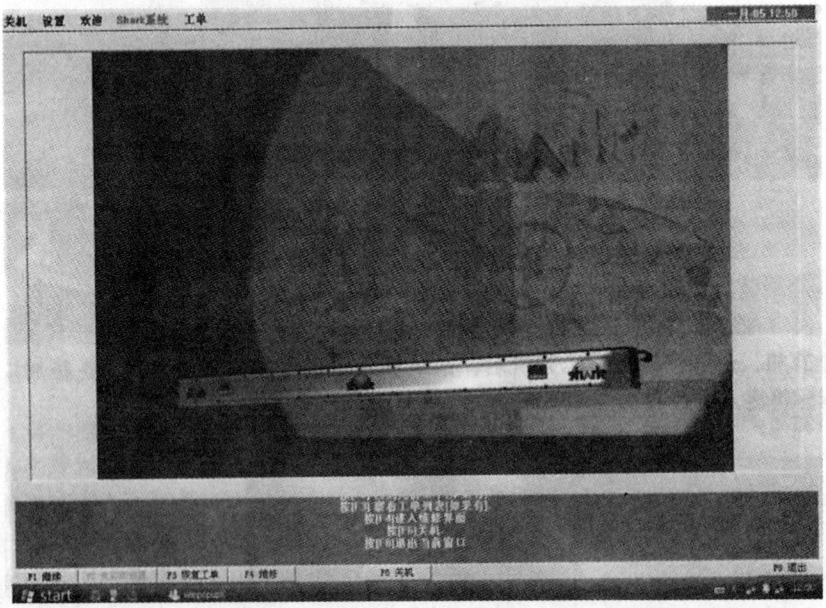

图 4-2-5　系统界面

（7）工单界面。工单界面是对新客户信息进行工单填写，如是老客户可直接从客户列表中选取，如图 4-2-6 所示。

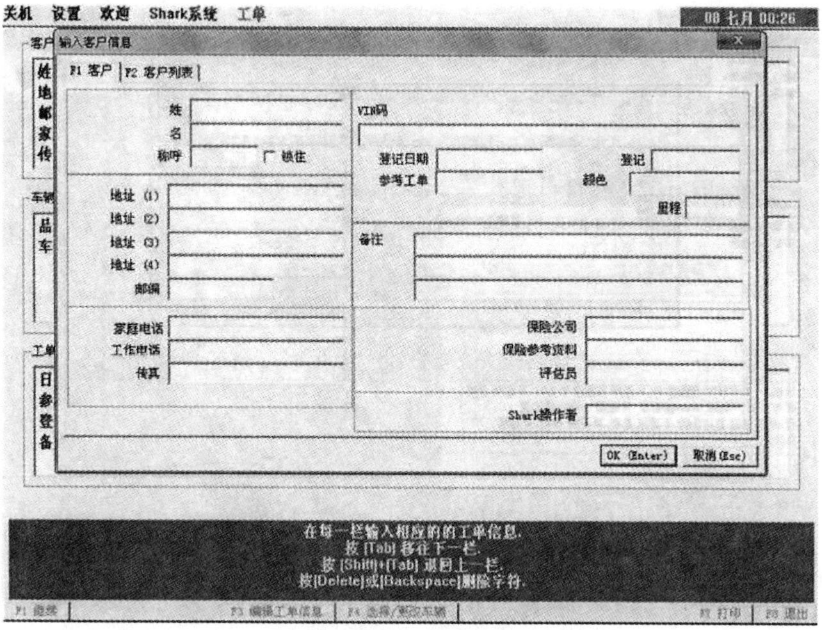

图 4-2-6　工单界面

（8）车型选择。详细填写工单后会自动弹出车辆选择，选择对应的车型，如图 4-2-7 所示。

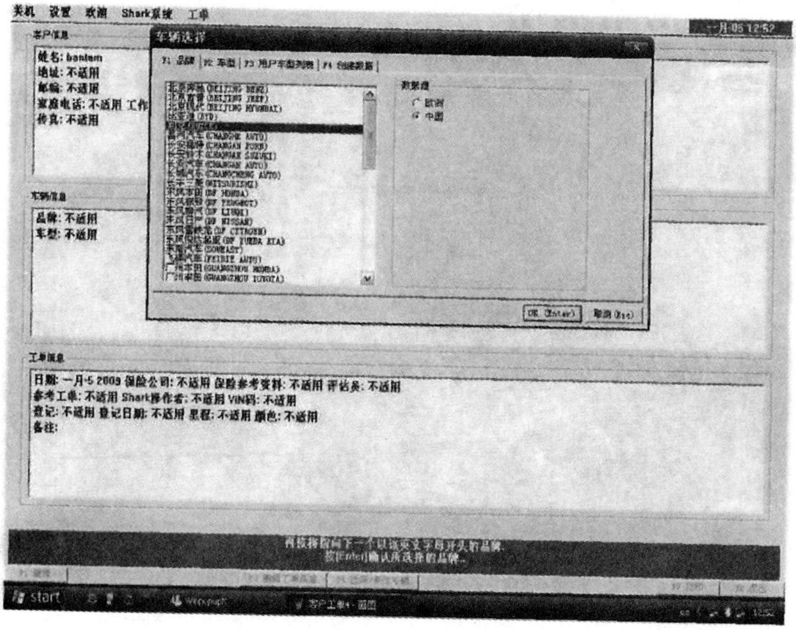

图 4-2-7　车型选择界面

（9）准备界面。根据车辆受损情况点击左右箭头选择有无悬架，一般要求横梁方向和车头方向一致，准备好后进入下一界面，如图 4-2-8 所示。

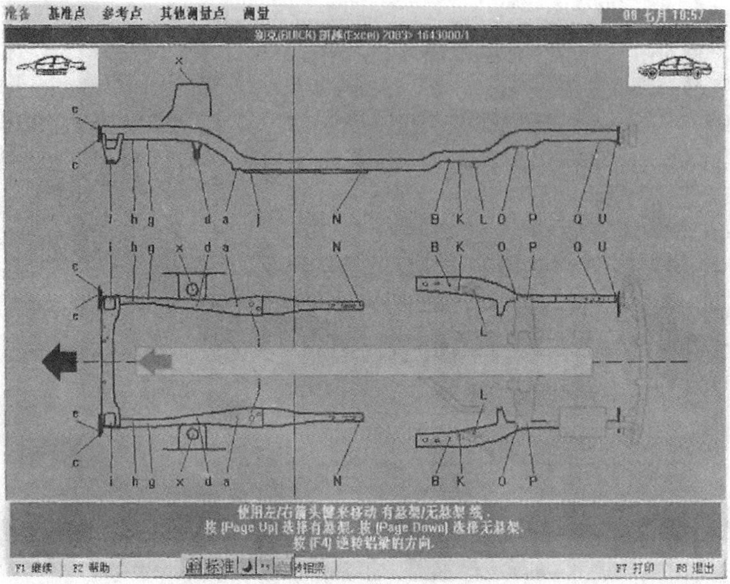

图 4-2-8　准备界面

（10）基准建立界面。首先选择 4 个基准点，一般情况下选择 A 和 B 作为测量的基准点，如 A 或 B 出现损坏，需选用没有受损的点作为基准修复 A 和 B 点，再以 A 和 B 点作为基准点。根据对话框附件的选用，在车辆相应的点上挂上附件及发射器，如图 4-2-9 所示。

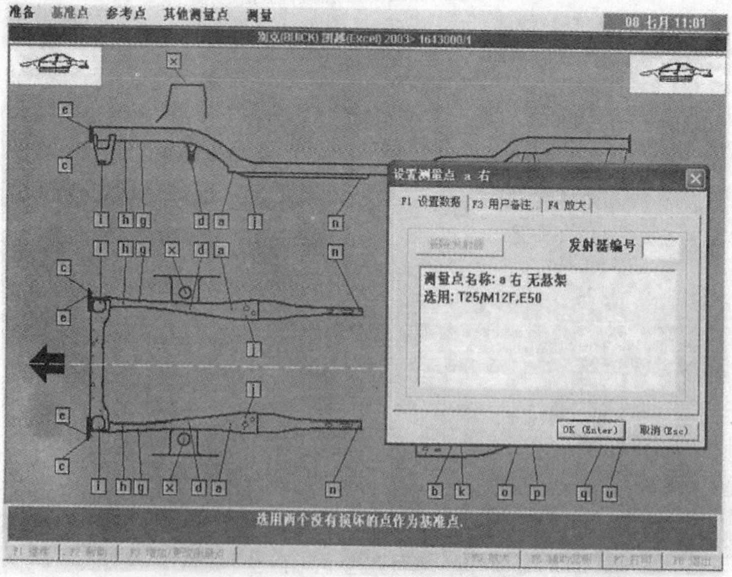

图 4-2-9　建立基准界面

（11）参考点界面。基准点一般为 3 个，在 A 和 B 的 4 个点中，有一个点是作为参考点对基准面进行验证的。基准点选择无误后，对其他点进行测量，如图 4-2-10 所示。

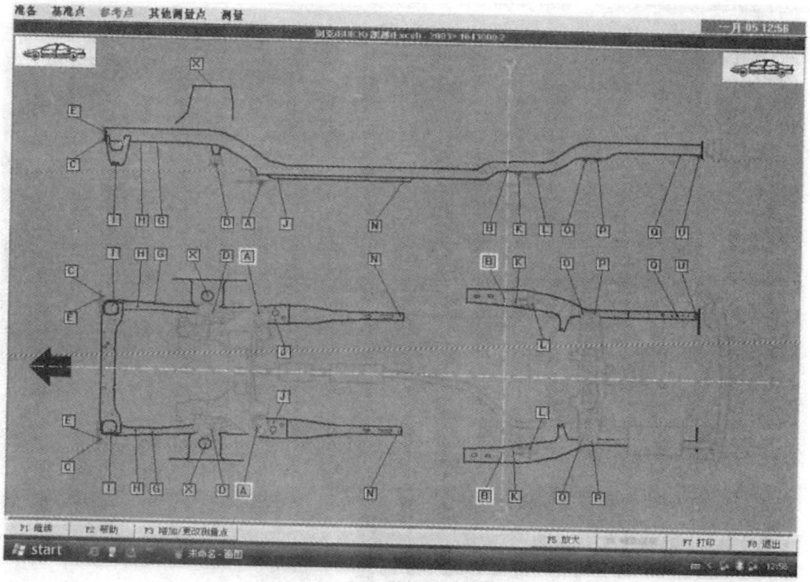

图 4-2-10　参考点界面

（12）其他参考点界面。点击上次测量（白色框）的点，在弹出的对话框中选择删除发射器，该点将变成蓝色，然后再选择要测量的其他点进行测量，如图 4-2-11 所示。

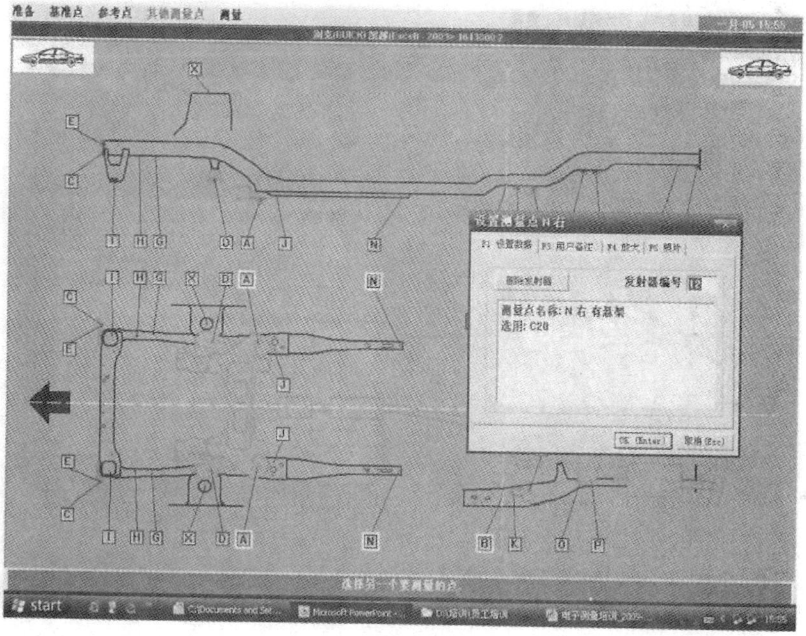

图 4-2-11　其他参考点界面

（13）测量界面。根据图纸的要求对测量点进行测量，把需要测量的 12 个测量点，36 个长、宽、高数据测量完毕后，记录在数据表上。测量数据允许误差为 ± 3 mm，如图 4-2-12 所示。

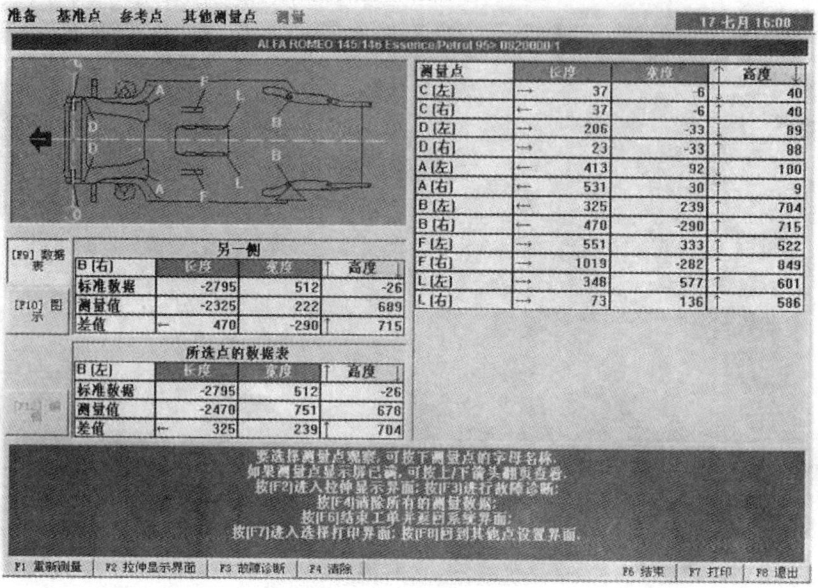

图 4-2-12　测量界面

（14）实时监控界面。在测量界面点击 F2 会进入拉伸界面。发射器会不间断地测量，实时对车身进行监控，如图 4-2-13 所示。

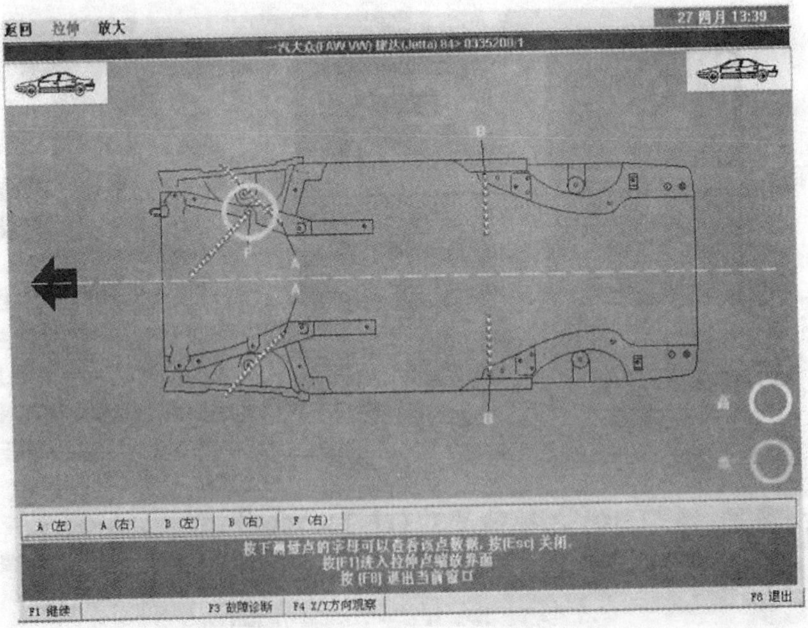

图 4-2-13　实时监控界面

（15）打印界面。退回到测量界面后选择 F7 进入打印界面，可根据需要打印相应结果，如图 4-2-14 所示。

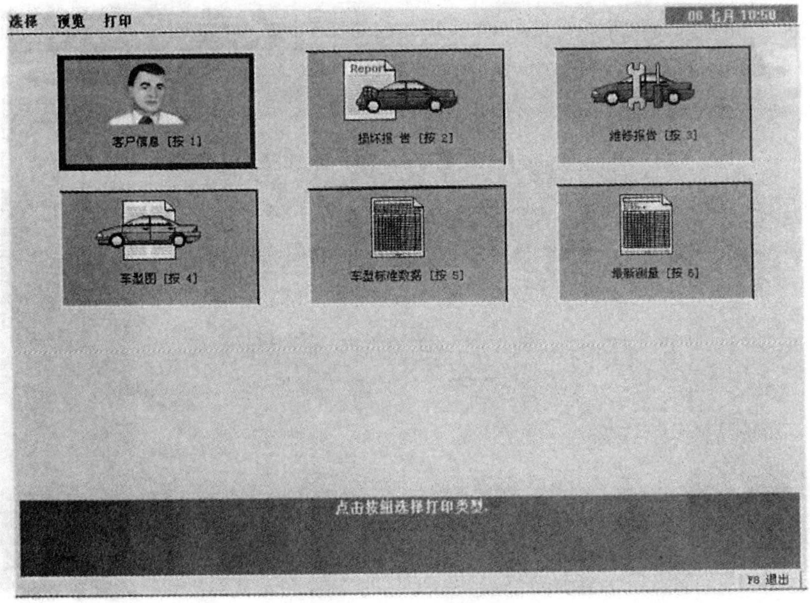

图 4-2-14　打印界面

任务拓展

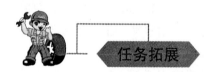

通过本任务的学习，尝试使用几种不同的方法对车身进行测量。

项目五

汽车车身美容与装饰

任务一　汽车车身清洗美容

任务描述

汽车车身工作环境复杂，不但要经受日晒雨淋、石击、冰雪、严寒、酷暑这样多变环境条件的影响，而且行驶中经常接触化学药品、酸、碱、盐等腐蚀性的物质，表面更容易被碰撞划伤，材料老化，甚至被腐蚀。再加上不正确的保养护理，更降低了汽车车身的使用寿命。车身就像人身体的皮肤一样，光用水冲一下是远远不够的，要想保持它各方面的性能，就必须进行专业的清洗和保养。

一辆外表脏污的汽车，不仅破坏汽车的美感，影响观者的心情，而且也直接影响着乘客的乘坐舒适性和健康。当尘土和泥水黏附在汽车的大灯、后视镜或风窗玻璃时，还会影响行驶安全性。所以汽车车身要定期进行专业的清洗和保养，保持车辆外表的美观，延长车辆的使用寿命，提高驾驶安全性。同时，汽车车容装饰美观是汽车产品的一项技术指标，也被当作车辆年检中技术要求项目之一。

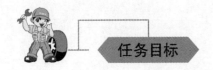

任务目标

（1）知道汽车清洗美容的作业内容。

（2）能够正确选择车身清洗用品，并能正确使用车身清洗设备和工具。

（3）能够正确使用和调整喷枪。

任务学习

一、汽车美容

汽车美容起源于西方发达国家，英文原名为“Car Beauty”。它在20世纪90年代传入我国，逐渐得到了人们的接受和认可，并且随着我国汽车尤其是家用轿车保有量的不断增加，给汽车美容行业提供了巨大的商机。

目前，我国的汽车美容市场，劣质用品泛滥，从业人员素质不高，正规美容店与马路边的洗车摊并存，政府还缺乏对这个新兴行业的一整套标准化的管理。再加上消费者对这一行业缺乏了解，导致汽车美容装潢市场鱼龙混杂、良莠并存，给行业的健康发展带来了极大的隐患。因此，如何使我国的汽车美容装潢业能真正立足并不断发展壮大，已成为每一个业内人士所关注的问题。

（一）汽车美容的定义

汽车美容是利用专业美容系列产品和高科技技术设备，采用特殊的工艺和方法，进行的一系列养车技术。

（二）汽车美容的基本内容

广义汽车美容已不再是一般概念上的给汽车冲洗、打蜡、去渍、除臭、吸尘及车内外的清洁服务等常规汽车保洁美容作业，应该分为汽车美容护理和汽车装饰两个部分，涵盖了从车外到车内、从发动机到底盘、从机械到电子，所有汽车上一般的检查保养、清洁护理和装饰改装等项目。

1. 汽车美容

针对汽车各个部位不同材料，利用专业美容系列产品和高科技设备，采用特殊的工艺和方法，对汽车外表漆面、内饰、轮胎、发动机、底盘、电器设备、玻璃等部位进行清洁和保养。还要针对发动机、底盘、电器等零件或总成进行检查养护，以及相关系统的免拆清洗和保养。归纳起来，汽车美容可分为车身美容、内饰美容和机电系统的检查护理美容等。

（1）车身美容包括各种不同类型的车身清洗，涂膜污物、划痕、喷涂后产生的各种涂膜缺陷的美容处理，涂膜损伤的喷涂修复等；玻璃的清洁、防雾保养，玻璃划痕、裂纹等损伤的修复等；车身各种外部装饰件的美容处理。

（2）汽车内部美容包括仪表板、车门内饰板、顶篷、地板、座椅等内饰的清洁保养，驾驶室杀菌消毒处理，内饰改色，真皮座椅等内饰损伤的修复。

（3）机电系统的检查护理美容包括发动机清洁保养、发动机相关系统的检查护理、发动机相关系统的免拆清洗保养；车轮翻新、车轮动平衡检查、制动器等底盘系统的检查护理、底盘防腐蚀处理、变速箱免拆清洗保养等。

2. 汽车装饰

汽车装饰是指通过对车辆内外的加装和改装操作，达到提高舒适性能、安全性能、使用性能和环保性能等的要求，也满足车主不同的个性追求。无论进行哪种汽车的装饰操作，都要在遵守国家相关法规、保证安全的前提下进行。可分为提高舒适性的装饰、提高安全性的装饰、改变风格的装饰、提升价值的装饰。

（1）提高舒适性的装饰包括车用香水、把套、坐垫、脚垫等内饰件装饰，还包括静电放电器、音响装饰、玻璃贴膜、车顶开天窗等。

（2）提高安全性的装饰包括车身防护贴饰、犀牛皮装饰、倒车雷达、防盗器等。

（3）改变风格的装饰包括更换个性内饰、更换车身大包围、加装尾翼、加装扰流板和导流板等。

（4）提升价值的装饰包括加装桃木内饰、更换真皮座椅等。

（三）专业汽车清洗美容与传统洗车美容的区别

1. 要求达到的效果不同

传统的洗车只是将车身上泥土、灰尘等污物清理干净，保持车身洁净就可以；而专业的汽车美容不但要保持车身的洁净，更突出保养的理念。现代的汽车美容甚至已经涉及发动机内外养护、底盘部分的养护、汽车电器部分的养护等。专业的美容养护可以使车辆保持良好的性能，达到常用常新。

2. 要求的工作场所和环境不同

传统的洗车在哪里都可以进行，甚至都没有固定的工作场所。马路边、停车场、居民区都可成为洗车操作间。所造成的后果是：污水横流，破坏环境，妨害交通，影响城市形象。专业的汽车美容店有干净整洁的操作间，合理规范的操作工艺，从接车到交车都有严格的程序，进行汽车美容的同时更是一种生活的享受，如图 5-1-1 所示。

图 5-1-1　规范的车身美容

3. 使用的材料和设备不同

传统的洗车操作基本上没有什么清洗设备，清洗材料也是能省就省，用洗衣粉充当洗车液，用的水源也不符合要求；专业的汽车美容有各种专业的美容设备和材料，并且所有用品都是安全环保的，不会对人和环境产生危害和污染。针对不同的车身材质使用专用养护用品对车辆进行全方位的美容护理，才能真正达到对车辆进行美容护理的目的。

4. 对操作者的素质要求不同

传统洗车行业的从业人员素质普遍不高，没有接受过任何汽车美容方面的培训，甚至对汽车方面的知识了解甚少；专业汽车美容要求从业者要有一定的学历，要经过严格正规的培训，要懂得如何大方得体地待人接物，要了解最新产品的性能和使用方法，还要热爱汽车美容行业，能为促进汽车美容行业健康发展做贡献。

二、车身表面的污染

（一）车身表面污染的形成

汽车车身表面的污染主要是由尘土和泥水引起的。一些泥沙和油污也容易溅洒到车身上，它们再黏附另一些尘土和污物，就会使车身变得越来越脏。尘埃黏附过程大体可分 3 个阶段：扩散、传播和颗粒分离，污染程度以每平方厘米面积上的污秽质量（毫克）数来度量。

（二）车身表面污垢的种类

车身表面的污垢包括：外部沉积物、附着物、水垢、锈蚀和其他污物。它们往往具有很高的附着力，牢固地附着在零件的表面。由于这些污垢各自性质不同，因此清除它们的难易程度也不同。

1. 外部沉积物

外部沉积物可以分为尘埃沉积物和油腻沉积物。大气中经常含有一定数量的尘埃，在运动着的车辆附近，当尘埃的颗粒度为 5 ~ 30 mm 时，其含量就会达到 0.05g/m^3 左右。当尘埃颗粒的含量增加，它在金属表面的凝聚和沉积就会加快。在潮湿的空气中，吸附在汽车表面的水膜会提高尘粒间的附着力，从而使尘粒加速凝聚；其附着在汽车表面上的牢固程度主要取决于表面的清洁程度、尘粒的大小和空气的湿度。而油腻沉积物，是由于污泥和尘埃落到被润滑油污染了的零件上而形成的；也可能相反，是由于润滑油落到了被污泥所污染了的表面上，此时润滑油浸透了污泥并附着在车身表面。

2. 附着物

汽车在行驶中，容易粘上不同的附着物，如柏油、沥青、鸟粪、虫尸等。这些附着物能牢固地粘在车身表面，一般很难用水清洗干净，要用有机溶剂清洗去除。并且这些附着物在车漆表面停留时间过长，会侵蚀到油漆的内部，至会对车身的基材造成损害，所以遇到这些附着物一定要及时清除掉。

3. 水　垢

由于落到汽车表面的水滴中含有颜料、化学溶剂等会损坏漆面的物质，时间长了水分蒸发干了，就会在车身上形成很难去掉的水垢。有些水垢甚至会浸透到油漆里，威胁到车身钢板。车身打蜡过度，或蜡的质量不好，融化后也会形成难以去除的水垢。

4. 锈　蚀

汽车锈蚀主要发生在车身的钢铁部件上。在汽车底盘很难接触到的部位堆积含盐分、灰尘和湿气等的物质，因轻微意外或碎石碰撞而划破表面烤漆防护层，以致造成锈蚀。在沿海地区，空气中含有盐分，工业污染区的灰尘中含有化学物质，会加速生锈，尤以温度刚高于冰点时为最。若车子某部分长期潮湿，尽管其他部分保持干燥，也可能因生锈发生锈蚀，如图 5-1-2 所示。

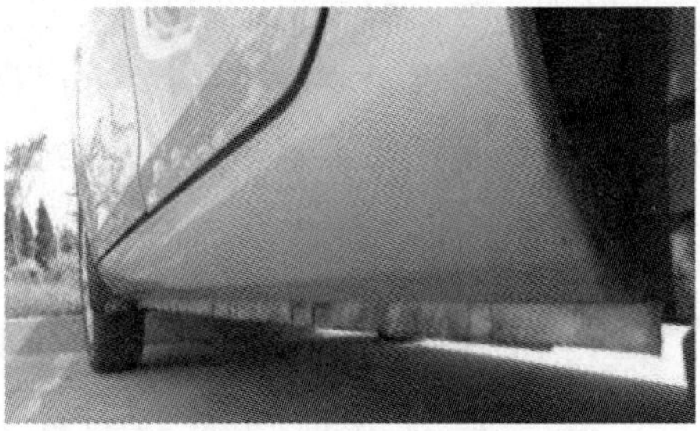

图 5-1-2　车身锈蚀

5. 与其他物体相互刮碰而附着的污染物

如图 5-1-3 所示，与上面讲的几种附着物不同，因刮碰而附着的污染物可能会对车身的涂层和基材造成损害。很多时候人们会认为是汽车本身受到了伤害，就要去维修站进行油漆修补，这样维修的费用会非常高，并且会消耗很长的时间。有经验的美容技师会很容易将这种损害处理掉，但是由于车身表面已经有了机械碰撞，所以美容处理也仅仅是外表看不出来罢了。

图 5-1-3　刮碰附着的污物

三、车身清洗

（一）个人安全与防护

个人防护用品是指为防止一种或多种有害因素对自身的直接危害而穿用或佩戴的器具的总称。个人防护用品的正确使用，可以保证从业人员避免生产过程中的直接危害，对员工的身体健康及生命安全都有重要的作用。应根据工作性质的不同，合理佩戴个人保护用品。常见的个人防护用品有：

（1）棉布工作服：用天然植物纤维织物制作，具有隔热、耐磨、扯断强度大、透气的特点。

（2）工作帽：用于保护劳动者头部，防止劳动者头发过长或掉落，对操作施工产生影响。

（3）防护眼镜：用来保护眼部，防止飞屑、尘粒、化学物质等伤害眼部。防护眼镜的质量一定要好，否则眼镜受到冲击损坏，会对眼睛造成更为严重的二次伤害。

（4）防护口罩：防止将烟雾、化学物质、有毒气体吸入肺部。有防尘口罩和防毒面具之分。在烟尘严重的环境佩戴防尘口罩，在有溶剂挥发的环境佩戴防毒面具。

（5）手套：防止手部伤害，有皮手套、线手套、防水手套、耐溶剂手套等。

（6）安全鞋：保护脚部，安全鞋的性能有防滑、绝缘、防砸、耐溶剂、防水、抗高压等。

汽车美容行业经常接触各种清洗液和溶剂等液体，基本的防护用品一定要准备齐全，防水鞋、防水手套等是必不可少的。同时还要有规范的工作服，并要求工作服上不能有尖锐的饰物，防止刮坏车身涂层。进行底盘装甲操作时会有胶粒喷出，所以要配戴防护眼镜和防护口罩等。

（二）工具和设备

1. 清洗设备

（1）洗车机。产生高压水流，冲掉车身表面和缝隙中的沙砾及灰尘，洗车机是车身清洗操作的必备设备之一。有些高档的洗车机还带有自加热功能，靠燃料把水加热，在冬季洗车时能产生温水，提高清洗效果。

（2）泡沫机。把清洗液和水按比例加入泡沫机中，利用压缩空气将混合液以泡沫形式吹出，均匀地喷洒到车身上，能充分溶解车身污物，提高清洗效果。

2. 手工辅助工具

手工辅助工具包括喷水壶、刷子、毛手套等。

（1）喷水壶：盛放调配好的洗车液，用于遗漏部位以及车轮和保险杠等难清洗部位的消耗。

（2）刷子：用于车身橡胶饰条，以及车轮和保险杠等难清洗部位的消耗。

（3）毛手套：喷涂清洗液后擦拭车身，便于油污去除，且不伤漆面。

3. 手工擦拭工具

手工擦拭工具包括刮水板、鹿皮巾、毛巾、甩干桶等。

（1）刮水板：用于去除车身水分，方便快捷，且不损伤漆面，如图 5-1-4 所示。

图 5-1-4　刮水板

（2）鹿皮巾：用于玻璃的精细擦拭，吸水性强，如图 5-1-5 所示。

图 5-1-5　鹿皮巾

（3）毛巾：用于车身擦拭，吸水性好，不掉纤维，不伤漆面。

（4）甩干桶：快速甩干鹿皮巾、毛巾和清洗后的脚垫等。

（三）车身清洗液

好的清洗液呈中性，含阴离子表面活性剂，能同时达到去除车身静电、油污和漆面保养的多重目的。一般洗涤剂是无法替代的。使用方法要按照使用说明来做，绝大多数洗车液都要求跟水按一定的比例混合使用，可根据车身污染程度调整混合比例。

1. 清洁剂的主要成分

汽车表面清洁剂的主要成分有如下几类：

（1）表面活性物质，也称表面活性剂或界面活性剂，是一类能显著降低液体表面张力的物质，常用的表面活性物质有油酸、三乙醇胺、醇类、合成洗涤剂等。

（2）碱性电解质：即在水溶液中能电离出金属离子的化合物，在汽车清洗中常见的是弱碱性的水溶液。主要有碳酸钠、水玻璃、磷酸盐等。

（3）溶剂：作为清洗工作介质的主体，能溶解表面活性剂等添加剂，能共同对污渍起化学反应，从而达到清除污渍的目的。主要有：油基溶剂类，如煤油、松节油、溶剂汽油等；水基溶剂类，主要是水，它应用得最多。

（4）摩擦剂：用以增加与清洗物体表面的接触和摩擦的物质，如硅藻土等。

2. 清洁剂的除渍原理

清洁剂除渍是一个比较复杂的过程，一般都认为水基清洁剂主要通过“润湿—吸附—悬浮—脱（冲）落”等不断循环的过程来除去物体表面的污渍。

（1）润湿作用。当清洁剂与表面上的污渍接触后，使表面污渍及其空隙被清洁剂湿润，产生充分接触，造成污渍与被清洗表面结合力的减弱，使污渍松动。

（2）吸附作用。清洁剂中的电解质形成的无机离子吸附在物体表面污渍的质点上，改变对污渍质点的静电吸引力。清洗汽车外表面时，既有物理吸附作用（分子间相互吸引），又有化学吸引作用（类似化学键的相互吸引）。

（3）悬浮作用。污渍经过清洁剂的润湿、吸附作用，使物体表面上的污渍质点脱落，悬浮于水基清洁剂中。

（4）脱（冲）落作用。水基清洁剂通过流动，再将已悬浮于物体表面的污渍冲离该物体。

（四）车身清洗的注意事项

1. 注意水质的选择

在汽车清洗作业中水源的质量往往容易被忽视，用质地较差的水清洗车身表面，不但不能起到清洁的作用，相反还会对漆面造成损害。洗车作业用水要求清洁无污染，严禁使用未经过滤或污染的水源，以免影响清洗效果，或对汽车外表产生损伤。但在通常情况下，只要使用自来水或符合标准的循环水就基本符合要求。

根据可持续发展的战略，为了节约城市用水，在用水清洗车辆时必须配置循环水设备，但使用循环水设备之后水的质量将直接关系到汽车的清洗质量。因此，为了真正能使洗车污水经处理后达到可再循环使用的程度，关键要解决处理后的水质标准问题。首先，对于汽车清洗，尤其是采用高压水清洗汽车时，对车身危害最大的是水中的固体悬浮物。水中固体悬浮物在高压力的作用下，会对汽车漆面造成一定的损伤。其次，是水中的矿物油，如果含量过多，也会对汽车造成污染。再次，为了防止对车体的腐蚀，水源的 pH 应保持在 6～8。第四，从保护人体健康的角度出发，水中细菌的总数也应当控制在一定的范围内。最后，色度、臭味这些水感指标，也要求达到标准，不能使人有不快感。为此，符合国家标准 GB/T18920—2002《城市污水再生利用 城市杂用水水质》的水即可放心地用于清洗车辆。

2. 注意洗车液的选用

严格来说，使用的清洗用品应为中性，即 pH 为 7，或者稍偏碱性。因为中性的洗车液不但能保护车身涂层，还不会损伤从业人员的皮肤；同时车身污染大部分都为酸性，所以洗车液可以稍显碱性。

目前，有些从业人员仍在使用洗衣粉等生活用或工业用的洗涤剂洗车。轻则会使漆面失去原有光泽，重则漆面被严重腐蚀，局部产生变色、干裂，还会加速局部漆面脱落部位的金属腐蚀。

3. 注意擦洗用品的使用

擦洗时，应根据擦洗部位的不同选用不同的擦洗材料。当清洁车身漆面时，应该使用干净柔软的毛巾或鹿皮巾，切不可使用硬质的清洁工具，以免在漆面留下擦伤痕迹。擦洗车身下部和轮胎等部位宜用专用的工具及水桶。不同部位的擦洗用品不得混用。许多人洗车喜欢用一些旧毛巾或劣质毛巾，殊不知旧毛巾和劣质毛巾上的纤维容易脱落，有的劣质毛巾由于过薄，针织密度很小，也容易损伤漆面。此外，这些毛巾晒干后会变得很硬，用来擦车也会造成漆面划痕。

4. 注意工作环境的选择

不要在阳光照射下洗车，有些不规范的洗车店由于场地的限制，到了夏季就直接在烈日下洗车，而且根本不等发动机冷却。在这一状况下进行汽车清洗作业时，车身上的水分会很快蒸发，此时，车身上原来的水滴会留下许多斑点，影响清洗效果。由于夏季环境温度本身很高，再加上汽车在行驶后发动机温度更高，此时直接洗车会使汽车发动机提前老化。此外，在烈日下洗车，还会产生透镜效应。所谓透镜效应是指当车表漆面上存有小水滴时，由于水滴呈扁平凸透镜状，在阳光的照射下，这些小小的水滴对日光有聚焦作用，焦点处的温度会高达 800～1 000 °C，从而导致漆面被灼蚀，出现肉眼看不见的小孔洞，这些小孔洞有的还会深达金属基材。当漆面由于透镜效应被灼伤，或灼伤的范围较大时，一些灼伤分布密度较高的漆面就会出现严重的失光。所以在夏季，洗车打蜡一定要选择在遮蔽的环境下进行。

此外，进入冬季，不要在寒冷的环境中洗车，以防水滴在车身上结冰，造成涂层破裂。北方严寒季节洗车应在室内进行，车辆进入工位后，先停留 5～10 min，然后冲洗。

5. 注意洗车的时机的选用

如果天气一直晴好，车身没有特殊的脏污，大约一周做一次全车清洗工作即可。连续雨雪天时，用湿布或湿毛巾擦拭全车所有的玻璃即可，等到天气放晴之后，全车再一并进行清洗。

任务准备

（1）场地：带排水系统的理实一体化教室。

（2）器材：实训整车 2 台，工具 2 套。

任务训练

一、车身清洗

（一）车身表面检查

（1）检查车身损伤。在车辆进行美容操作前一定要做好检查记录工作。尤其是当顾客要对车辆的漆面、内饰、玻璃等部位进行美容装饰时，产生的费用会比较高，为了避免与顾客之间产生不必要的误会，做好记录就显得非常重要了。

（2）仔细检查车门、车窗等部位是否关严。车门、车窗、后备箱等部位是否关严一定要仔细检查，否则洗车时高压水流会通过未关严的缝隙冲进车内，有可能造成严重的后果，如真皮座椅和电子元件损坏等。

（二）相关设备的准备与调整

1. 泡沫机的加液与调整

（1）按比例加水和清洗液，观察混合液的加入量。

（2）调整气压。打开空气阀，将泡沫机的进气压力调整到 2 ~ 4 kPa、在此一段压力范围内泡沫喷出的效果最好。压力过低吹不出泡沫，压力过高会把泡沫吹得到处都是，造成不必要的浪费。

2. 高压水枪水流的调整

（1）洗车水压的要求。接通水源和电源后，打开洗车机，调整高压水枪的水流形状，使水压达到要求。洗车时的水压数值没有绝对的要求，也无法准确地判断，只要能把污物冲掉同时还不能损坏漆面和其他车身零件即可。一般来说车身预冲洗时水压要高一些，二次冲洗时水压要适当调小。由于高档汽车的漆面和车身零件质量要好于低档汽车，冲洗时可以适当调高水压，但是当洗微型汽车等低档车辆时，要尽量调低水压，否则很容易把漆面冲掉。

（2）水压的调整。现在市场上大部分高压水枪水压的调整都要人为来进行，调整方法有两种：一种是通过改变枪嘴与被喷淋物之间的距离。距离近，压力高；距离远，压力低。另一种是通过改变水流的形状。扇形大，压力小；扇形小，压力大。具体使用哪种方法，可根据实际情况灵活调整。

3. 水流形状的调整

（1）柱状水流，水压高，冲力强，适合缝隙、污泥堆积严重的地方，如图 5-1-6 所示。

图 5-1-6　柱状水流

（2）大扇面水流，冲洗面积大，水压低，适合外表淋湿和次冲洗，如图 5-1-7 所示。

图 5-1-7 扇形水流

（三）车身预冲洗

车身预冲洗时一定要把水压适当调高，通过改变水枪与车身的距离来调整水压。初次冲洗时水枪的距离在半米左右，水流扇面形状以 15°～20°为宜，缝隙和拐角等处用柱状水流。因为会有大量的尘土和沙砾通过各种方式牢固地黏附在车身上，水压小很难把它们冲洗掉，会为下一道工序埋下隐患。但是水压也不要调得太高，否则会损伤漆面和其他零件。

（1）冲洗的顺序一定要遵循由上到下、从前到后的原则，从车顶到底盘、从发动机罩到行李箱盖仔细冲洗。不要放过任何一个缝隙和拐角等容易积存砂土的地方。车身通体均用高压水枪打湿，待漆面无大颗粒泥沙或污物后，才能确保下一步骤的顺利进行。

（2）车轮上方的车身圆弧里，由于车轮滚动甩上来大量的泥沙和污物，一定要清洗干净。

（四）喷洒泡沫并擦匀

（1）喷涂的泡沫要均匀、适量，喷洒泡沫也是按从上到下的顺序来进行。喷完车身清洗剂以后，戴上浸泡过的干净毛手套，轻轻将车身擦拭一遍，以便彻底去除顽固的油渍。用毛手套擦拭的主要部位是车身上有油漆的表面和汽车玻璃表面。

（2）对于轮胎和门槛下缘等车体下部部位，一定要用专用的海绵或刷子单独清理。防止工具混用对车漆和玻璃造成意外损伤。

（五）二次冲洗

二次冲洗的目的是要把清洗剂泡沫和污水完全冲掉。所以这时冲洗的水压不宜过高，水流扇面以 30°～45°为宜，水枪距离仍然保持在半米左右。依然按从上到下、从前到后的顺序进行。当车身上的水自然流下时，呈现帘幕状，没有油珠的感觉，说明车身已经清洗干净了。

（六）刮　水

车身清洗用的刮水板是经过专业设计的，它就像风挡玻璃刮水器一样，能适应车身的不同流线，并且与车身表面的接触非常严密。刮水操作快捷彻底，省时省力。

（七）精细擦拭

（1）鹿皮在使用前一定要浸泡透、拧干，这样它的吸水性会更好。

（2）精细擦拭一定要仔细、彻底，不要忽略了车门、后备箱盖内边缘和门框等部位。

（八）吹　干

对于锁孔、门缝、车窗密封条、后视镜壳、油箱盖等部位用压缩空气辅助吹干，尤其是锁孔里的水分更要吹干净。在北方的冬季，经常会发生洗车后车锁被冻住而无法开、锁车门的情况，有时还会因为油箱盖打不开而无法加油。

二、手工打蜡

（一）车　蜡

按作用的不同可以分为保养蜡、修复蜡、综合蜡。

（1）保养蜡。保养蜡能均匀地渗透到涂层的细小空隙中，使漆膜上多了一层保护膜，可以隔绝紫外线、灰尘、油烟以及其他杂质，保持漆面的光泽和持久性。

（2）修复蜡。主要是在蜡中加入研磨成分，如氧化铝、碳化硅等。根据研磨剂的颗粒切削能力不同分为粗蜡、中蜡、细蜡。修复蜡能够修复涂层上的划痕，但是同时涂层也会变薄。

（3）综合蜡。将修复蜡和保养蜡综合在一起，可以将抛光和保护一次完成。如常听到的三合一美容蜡等。

（二）车蜡选择

市场上车蜡种类繁多，分类标准也是五花八门。由于各种车蜡的性能不同，其作用效果也不样，所以在选用时必须慎重。选择不当不仅不能保护车体，反而会损伤车漆，甚至使车漆变色。

一般情况下选择车蜡时，要根据车蜡的作用特点、车辆的新旧程度、车漆颜色及行驶环境等因素综合考虑。

（1）对于高级轿车可选用高档车蜡。

（2）对普通车辆，用普通的珍珠色或金属漆系列车蜡即可。

（3）新车最好用彩涂上光蜡以保护车体的光泽和颜色。

（4）夏天宜用防紫外线车蜡。

（5）行驶环境较差时则用保护作用突出的树脂蜡比较合适。

（6）选用车蜡时还必须考虑与车漆颜色相适应，一般深色车漆选用黑色、红色、绿色系列的车蜡，浅色车漆选用银色、白色、珍珠色系列的车蜡。

（三）褪蜡毛巾

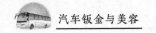

手工打蜡时需要使用干净柔软的毛巾。

（四）上　蜡

将少量蜡挤在海绵上，保证每次处理的面积一定，不可大面积涂抹。上蜡时手的力度一定要均匀，用大拇指和小拇指夹住海绵，以手掌和其余三根手指按住海绵进行上蜡。

上蜡操作时应按一定的顺序，一般从车顶开始上起，再到发动机罩、翼子板、车门，再到尾部，遵循先上后下的原则。蜡膜尽量做到薄而均匀，并且将车身上有漆膜覆盖的表面都要上到。上蜡时可以按直线往复也可以按螺旋线的方式进行，但是不可把蜡液倒在车上乱涂。一次作业要连续完成，不可涂涂停停。

（五）褪　蜡

上蜡完成停留几分钟后用手工擦除或用抛光机将其打亮。手工擦拭时应先用手背感觉车蜡的干燥程度，以刚刚干燥而不粘手为宜。褪蜡时按上蜡的顺序进行就可以，手掌放平，垫上柔软的毛巾，掌心微用力，反复擦拭直到将蜡粉褪净，漆面明亮、光滑。从侧面观察漆面光泽一致。机器处理应在车蜡完全干燥后，转速控制在 1 000 r/min 以下。

车身打蜡后，在车灯、车牌、车门和后备箱等处的缝隙中会残留一些车蜡，使车身显得很不美观。这些地方的蜡垢若不及时擦干净，还可能产生锈蚀。因此，打完蜡后定要将蜡垢彻底清除干净，这样才能得到完美的打蜡效果。

（六）竣工检查

打蜡完毕后，再对全车表面进行一次检查，此时应特别注意检查容易遗漏的部位，如发动机罩边沿及内侧、车门边缘内侧、车门把手内侧、后备箱边沿内侧、油箱盖内侧、轮胎等部位。保养完毕的车身，光亮如新。

（七）交　车

将保养好的车辆交给顾客，整理设备和工具，进一步完善工单。

任务拓展

全自动洗车

随着科技的不断进步，全自动清洗设备也日益成为汽车美容护理中的重要工具。全自动清洗设备自面世以来，由于具有操作标准、快速高效等特点，迅速得到了普及，特别在一些劳动力成本较高的工业化国家更是得到了广泛的应用。

一、全自动洗车类型

全自动清洗机按洗车时被清洗的车辆是否与水以外的助洗介质（如滚刷等）直接接触，可分为接触式与无接触式；按清洗时车辆是否移动，可分为隧道式与龙门式（又称为往复式）。

1. 接触式与无接触式洗车

无接触式是洗车机通过特殊的喷嘴将高压水以不断变化的切线形式（俗称水刀）沿一定方向对待清洗的车身作喷射运动，从而达到车辆清洗的目的；而接触式是以海绵、尼龙和羽状布等材料制成的滚刷，通过各种形式的旋转并在水（或清洁剂）的作用下，对汽车的外表进行清洗。

2. 隧道式与龙门式洗车

隧道式清洗机工作时，滚刷被固定在原地作旋转运动，而待洗汽车由设备牵引，沿着固定的轨道缓慢地作纵向移动；而龙门式清洗机工作时，待洗汽车不动，洗车设备带动旋转的滚刷沿着被清洗汽车的车身缓慢地作纵向移动，从而达到清洗车辆的目的。

二、拨水剂

在我国自动洗车机所使用的拨水剂大多是进口品牌，拨水剂国内俗称光亮蜡。其功能是使水从车辆表面剥离开来。要想实现这目标就要赋予车辆表面不粘水的特性。使用拨水剂后，水开始在车表面聚成水珠、积水团，在重力的作用下会从车表面剥离开来。在这种情况下，鼓风机很容易把水珠、积水团从车表面吹掉，这种方式对车顶棚平面上的积水很有效。要想充分发挥拨水剂的最大功效，车辆的清洁是非常重要的。如果车辆较脏，效果会大打折扣，会使车表面看起来不平滑，缺乏光泽。首先把拨水剂用水来稀释，采用的比例约 1：（10 ~ 40）。自动洗车机会自动把稀释的拨水剂水溶液喷淋到已经清洗干净的车辆上。要想获得较好的拨水效果，必须根据实际情况，灵活地调整稀释比例和喷液压力，太高的压力会导致液体大量喷洒到车体外，造成浪费。

当清洗完毕，车驶出洗车房时，车身还会残留少量水渍。水的残留量与车漆的质量、车体形状、防泼水剂的质量都有关系，除了考虑这些因素，洗车用水的品质也很重要。另外，使用浓度过大的拨水剂也会在车体上出现残留物。在实际操作中，洗车专业人员通常增加一道工序，即在车辆清洗完毕，驶出洗车房后，专业人员用干净的软布，抹去残留的水渍。

三、全自动洗车过程

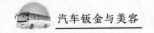

如图 5-1-8 所示，某型号龙门式全自动洗车机的洗车操作。

图 5-1-8 全自动洗车

全自动汽车机具体工作过程如下：

1. 首次开机前的准备

（1）清理机器四周场地上的杂物，做好清洁工作。

（2）通电、通气、通水。

（3）给气动系统油雾器里加注润滑油。

（4）启动空压机，打开截止阀，检查气路是否漏气，使空压机的压力保持在 0.7 ~ 0.9 MPa。并检查压力表的灵敏度。

2. 设备的操作

（1）机器的操作是通过操作控制面板来实现的。熟悉控制面板对正确使用洗车机非常重要。在正常情况下，按“清洗”键后即可对车辆进行清洗、风干全过程。

（2）在洗车机工作过程中，如遇特殊情况，应立即按“急停”键或“复位”键；故障排除后，再按“复位”键和“反向”键，使洗车机回到原来的位置；再按“清洗”键，使洗车机恢复到正常工作。

3. 洗车前对清洗车的要求

（1）车辆进入洗车房必须停放在两导轨之间的中心部位。

（2）关好车门、玻璃窗。

（3）收下天线。

（4）车辆发动机熄火，置于停车挡位并拉起驻车制动杆。

（5）折回后视镜，如后视镜松动，用胶带固定。

（6）固定好刮水器。

（7）其他特殊车型的检查。

4. 开机前的参数设定

（1）开启洗车机上电气柜，掀起 PLC 控制面板右侧的小盖板。

（2）设定功能选择按钮（根据客户要求设定）。

（3）设定横刷、侧刷、轮刷、风筒气缸的工作压力。拨动开关到“RUN”位置。

（4）检查行走传感器是否与前刹车板接触，若不接触，则按下“复位”键后，再按“反向”键使其归位即可。

（5）按下“清洗”自动控制按钮，洗车机正式开始工作，直到风干结束。

5. 设备的安全操作

洗车机使用过程中，为保证设备及操作人员的安全，操作时应注意以下事项：

（1）空压机工作压力不得高于空压机的额定压力，般在 0.7 ~ 0.9 MPa。

（2）压缩空气进入洗车机进气管的减压阀压力不得高于 0.7 MPa，横刷的工作压力在 0.3 MPa 左右，侧刷的工作压力在 0.2 MPa 左右，风筒压力在 0.5 MPa 左右，轮刷的压力在 0.2 ~ 0.3 MPa。

（3）经常检查导轨两端的安全挡块，安装位置要正确、可靠。

（4）开车后，操作人员不得离开工作现场。

（5）若遇故障或其他紧急情况，应按下“急停”键。

（6）若遇故障指示灯亮，有可能是气压小或空气开关跳闸。增大空压机的气压，或按卜已跳开的“START”开关即可。

6. 清洗过程

（1）按下“清洗”按钮后，喷射系统喷水，横刷开始下降，当下降到最底端时，横刷、侧刷开始旋转，洗车机沿着导轨正向移动。

（2）当横刷与车辆表面有一定程度的接触后，横刷开始上升，并沿着车辆表面进行仿车形清洗。当洗车机的轮刷与汽车车轮正对时，洗车机开始暂停行走，轮刷自动伸出并旋转，先正方向旋转，后反方向旋转，对汽车轮辋进行清洗。当洗车机的侧刷接触到汽车前面一定程度时，侧刷开始向两边移动，并沿着汽车两侧进行清洗。当清洗到汽车后表面时，横刷开始下降，侧刷开始向中央合拢。

（3）正向清洗结束后，横刷、侧刷均开始反转，对汽车进行又一次的反向清洗。

（4）清洗结束后，风干过程开始，风筒下降到最低点，风机开始工作，洗车机正向行走，对车辆进行仿车形吹风。正向吹风结束后，洗车机开始反向行走吹风到起始点，使车辆表面迅速干燥。

至此，整个洗车过程结束。

任务二　汽车车身装饰

任务描述

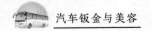

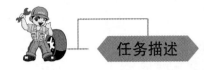

汽车车身装饰的内容十分丰富，其实它分布在汽车车身的每个角落。有改变车身外部形态的装饰，如车身大包围装饰、各种车身贴饰，有改变汽车行驶安全性的装饰，如导流板和扰流板装饰、犀牛皮装饰、防擦条装饰，有改变汽车乘坐舒适性的装饰，如门窗上的晴雨挡装饰、静电带装饰等，如图 5-2-1 所示。

（a）车身贴饰

（b）防擦条装饰

（c）晴雨挡

图 5-2-1　汽车车身装饰

任务目标

（1）了解汽车贴饰的类型和作用。

（2）熟悉汽车导流板和扰流板装饰的原理和功能。

（3）掌握粘贴车身贴饰的方法。

任务学习

一、车身贴饰

车身贴饰的种类繁多。分布在车身的每个角落。大体可分为车身美观贴饰和车身保护贴饰两大类。此外，按照粘贴的位置不同。贴饰可以分为汽车腰线贴饰、车窗贴饰、发动机罩贴饰、车尾贴饰等。按照内容不同，贴饰可以分为警示文字、卡通人物、汽车厂牌、几何图形等。

（一）车身美观贴饰

车身美观贴饰是在车身外表贴上各种图案的装饰。这种装饰不仅能突出车身轮廓线，还能协调车身色彩，给人以丰富的联想和舒适的心理感受，使车身更加多彩艳丽。

国外的车身贴饰最早是出现在赛车上，因为赛车运动需要赞助商的支持，所以，车身上五颜六色的赞助商标识就成为了一种“极速广告”。其内容涉及改装厂牌、配件商标、机油广告等。只要赛场上有的，车迷就会喜欢，所以，车身贴饰很快就出现在其他车上，且由单纯的商标发展到贴花、彩条等多种图案，如图 5-2-2 所示。质量好的贴饰几乎可以达到与车身面漆同等寿命，一些国际贴饰品牌的质量担保都可以达到 8 ~ 10 年。

图 5-2-2　车身贴饰

（二）车身保护贴饰

1. 车身局部保护贴饰

车身保护贴饰分布在车身容易受到磨损的部位，在这些部位粘贴透明的保护膜。比如门把手对应的圆弧里，开关车门时最容易受到手指的划伤；车后门口的下部，乘员上下车时总是容易划伤该部位的车身涂层。

2. 车身保护膜

汽车车身保护贴饰使用的保护膜，具有充分贴合车身漆面及内饰各种基材表面的属性，以及柔韧性、耐久性、抗化学腐蚀性等诸多优点。便于施工，可有效保证施工过程中面对曲折车身表面时进行准确、无缝隙、无气泡贴覆，充分保护车辆的原漆。

车身保护膜类型多种多样：有表面光亮的，也有表面带纹理的；有无色透明的，市场比较流行，被形象地比喻为“隐形车衣”；有带颜色但是无光泽的，粘贴后有亚光效果；有带颜色还有光泽的，达到原车新涂膜的效果；有炫彩效果的，粘贴到车轮轮圈或者仪表板等内饰件表面，彰显车辆的品味与个性。

一般的原厂车漆颜色单调，可选颜色较少。而车身贴膜可以更换自己喜爱的颜色，创造个性化汽车。另外颜色可以任意搭配组合，甚至可以打印写真或个性化图案，车身贴膜达到了随心所欲的程度，如图 5-2-3 所示。

图 5-2-3　个性化炫酷的车身贴饰

3. 车身改色贴膜法规约束

车身改色贴膜后，需要到车管所进行变更行驶证，完成年检。有些地区在《机动车登记规定》中已明确规定：“办理变更车身颜色、更换车身或车架的，车主不用事先向车辆管理所申请，可以在变更后直接办理登记。”不论是车身贴膜改色还是传统喷漆改色，都可以先变更颜色，后到车管所拍照变更行驶证，即可通过年检。另规定更改内容超过 30%后需到车管所备案，更改内容在 30%以下无需备案。

二、导流板与扰流板装饰

导流板是轿车前端保险杠下方的抛物形连接板。扰流板是轿车后备箱盖上后端形似鸭尾状的构件，如图 5-2-4 所示。

图 5-2-4　扰流板

（一）导流板与扰流板的作用

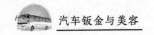

（1）改善车型外观。扰流板优美的造型能使车身的流线型更加突出，使车身外部看起来更为美观。

（2）提高轿车行驶稳定性。高速行驶的轿车车轮与地面的附着力会随着车速的提高而逐渐降低，从而造成车轮发飘，使轿车行驶稳定性下降。在轿车车身的前、后端安装导流板与扰流板，可显著改善车辆的空气动力学性能，从而保证轿车的安全行驶。

（二）导流与扰流的原理

法国物理学家伯努利曾证明了空气动力学的一条理论：空气流速越快，压力越小；空气流速越慢，压力越大。例如，飞机的机翼上面呈正抛物形，气流较快；下面平滑，气流较慢形成了机翼下的压力大于机翼上的压力的现象，从而使飞机产生了升力。如果轿车外形与机翼横截面形状相似，在高速行驶中由于车身上下两面的气流压力不同，下面大、上面小，这种压力差必然会产生上升力，车速越快压力差越大，上升力也就越大。这种上升力也是空气阻力的一种，汽车工程界称之为诱导阻力，这一阻力约占整车空气阻力的 7%。虽然这一比例较小，但危害却很大。其他空气阻力只是消耗轿车的动力，这个诱导阻力不但消耗动力，而且还会产生承托力，从而危害轿车的行驶安全。当轿车时速达到一定的数值时，升力就会克服车重而将轿车向上托起，减少了车轮与地面的附着力，使轿车发飘，造成行驶稳定性变差。

为了减少轿车在高速行驶时所产生的升力，汽车设计师除了在轿车外形方面加以改进，将车身整体向前下方倾斜，以便在前轮上产生向下的压力，将车尾改为短平，减少从车顶向后部作用的负气压而防止后轮飘浮外，还在轿车前端的保险杠下方安装向下倾斜的连接板。连接板与车身前裙板连成一体，中间开有合适的进风口用以加大气流速度，降低车底气压，这种连接板就是导流板。在轿车后备箱盖上后端做成类似鸭尾状的突出物，将从车顶冲下来的气流阻滞后形成向下的作用力，这种突出物就是扰流板。导流板可限制空气流过下部车身（使轿车下面的湍流处于最小值，并且使空气的流动阻力降低），而且使前部的车轮不致抬起。边裙引导气流离开后轮，可减少气流扰动和气流阻力。扰流板改变了车身后端气流的方向，减少了气流的阻力并可阻止后部车轮抬起，还有一种扰流板是人们受到飞机机翼的启发而设计的，就是在轿车的尾端上安装一个与水平方向呈一定角度的平行板。这个平行板的横截面与机翼的横截面相同，只是反过来安装，平滑面在上，抛物面在下。这样，轿车在行驶中会产生与升力同样性质的作用力，只是方向相反。轿车可利用这个向下的力来抵消车身上的升力，从而保障了行车的安全。这种扰流板一般安装在车速比较高的跑车上。目前，不少轿车也都装有导流板和扰流板，以提高轿车的行驶性能。

三、车身大包围装饰

汽车车身大包围是车身下部宽大的裙边装饰。汽车加装大包围装饰给人以雍容气派、热情奔放之感。另外，还可以改善车身周围的气流对于运动中车身稳定性的影响，如图 5-2-5 所示。

图 5-2-5　车身大包围

（一）汽车车身大包围的组成

汽车车身大包围由前包围、后包围和侧包围组成。前、后包围有全包围式和半包围式两种。全包围式是将原来的保险杠蒙皮拆除，然后加上新的大包围组件，或者将大包围组件覆盖在原保险杠蒙皮表面；半包围是在原来保险杠蒙皮的下部附加套装饰件，可以不用拆除原车的保险杠蒙皮；侧包围是在车身侧下部加装包围组件，主要是在车门槛位置进行装饰。汽车的大包围可以在前后保险杠蒙皮、中网、发动机罩、门槛、后备箱等多处进行装饰。

（二）汽车车身大包围的设计原则

（1）安全性原则。汽车安装大包围后绝不能影响整车性能和行车安全，设计中要考虑路面状况以及原车的减振性能。

（2）标准性原则。设计的大包围组件要符合国家有关规定。

（3）协调性原则。各包围件的造型和颜色要与车身相协调。

（4）整体性原则。要将汽车的前、后、左、右各包围件作为一个整体进行设计。

（5）观赏性原则。设计的大包围组件要美观大方，符合顾客审美需求。

（三）车身大包围装饰的注意事项

（1）汽车是否加装大包围，要根据使用的实际情况来决定，只有在较为平坦良好的道路上行驶的车辆才能加装大包围装饰。

（2）尽可能不要选用那种需要拆掉原车保险杠才能安装的大包围装饰，因为玻璃钢的抗撞击能力比较差，所以，选用将原保险杠包裹在其中的大包围就不会影响车辆的牢固性。如果一定要选用拆杠包围，可设法将原保险杠中的缓冲区移植到玻璃钢包围中，以起到适当的保护作用。

任务准备

（1）场地：理实一体化教室。

（2）器材：实训整车 2 台，贴饰若干。

任务训练

一、车身贴饰的粘贴

（一）粘贴条件

1. 温度要求

粘贴彩条或贴膜最好在 10 ~ 30 °C 进行。温度过高会导致贴膜抗拉伸性能降低，施工时容易变大；温度过低会影响贴膜的柔性，从而影响其附着效果。

2. 车身清洁

使用水和中性清洗剂将车身表面彻底清洗干净。为了使贴饰能牢固地附着在车身上，车身表面必须没有灰尘、蜡质、油类和其他脏物。必要时，还应事先对粘贴部位进行抛光处理。

3. 拆卸影响粘贴的车身附件

车门把手、边灯、牌照等车身附件会影响粘贴，应该在粘贴贴饰前将其取下，并妥善保存。

（二）车身保护膜的粘贴

（1）将中性清洗剂与清水按 1∶40 体积比混合，该溶液使得贴膜更容易控制，在永久粘附之前可以正确地定位。将溶液倒入塑料桶或喷雾罐中。

（2）按板件的大小裁剪车身保护膜，测量时应适当加长些（一般大 50 mm 左右即可），以防出错。

（3）将背纸慢慢地撕去，小心不要弄脏带安装胶的附着表面。

（4）用清洗剂溶液将贴膜的附着表面彻底弄湿，这将使它暂时失去附着力。并在车身粘贴位置上也喷涂一些。

（5）将贴饰定位在车身上。定位好之后，将其与车身结合处的清洗剂溶液挤出来，使其牢牢地贴在车身表面上。

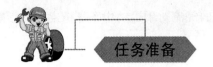

注意：为避免贴膜起皱，挤压时不要太快，不要过于用力，所用的压力只要能将水和空气挤出去即可。

（6）对于产生褶皱的部位，可以用热风枪加热定型，使之与车身完美贴合。

（7）用橡皮滚子或柔软的棉布压擦贴膜，使其粘贴得更牢固。

（8）贴膜末端可使用小刀切割，注意操作时动作要轻，切勿划破车身表面涂层和其他车身表面。

（9）保护膜的边缘部位要长于车身板件边缘 2 ~ 3 mm，并向内粘贴牢固。

（10）粘贴时按车身板件分块操作，最后将整车有涂膜的表面全部粘贴上保护膜。

二、汽车车身大包围的制作

（一）制作汽车车身大包围的材料

制作大包围的材料主要有塑料和玻璃钢两种：

1. 塑　料

用塑料制作的大包围套件的质量相对较高，是各名牌汽车改装厂生产大包围的主要材料，但塑料对成型所需的模具和生产设备要求较高，所以，产品售价也较高。

2. 玻璃钢

用玻璃钢制作的大包围套件，虽然在细腻程度等方面不如塑料件，但因其制作方便，且对模具和生产设备要求不高，所以，多数生产商首选玻璃钢作为生产大包围的材料。

（二）制作工艺

现以玻璃钢材料为例，介绍一下制作工艺。

1. 做胎具

大包围雏形的设计，被称为“做胎具”，即先用玻璃钢做成预想的产品形状。胎具做成后，就可以在试模上用玻璃纤维套出模具，经过打磨修整后的模具便可用于生产了。设计模具时要充分考虑到产品的结构特性。为了方便脱模，模具一般设计成两块或多块的组合。在模具内表面喷涂一层脱模剂，能起到方便脱模的作用。

2. 喷涂胶衣

在模具内表面喷涂层胶衣，它是产品的表面，也是玻璃钢最重要的材料，同时还可以起到方便脱模的作用，而且它的颜色也决定了产品胚件的颜色。

3. 铺玻璃纤维

等胶衣干透后，先将调节好的不饱和树脂涂在胶衣上。然后，把预先裁好的玻璃

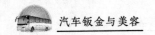

纤维铺在主模上，此时，产品的造型就已基本形成。玻璃纤维一般要贴上 3 ~ 5 层，确保大包围有足够的强度。等树脂完全固化干透，即可脱模。

4. 打磨修整

脱模后由于板件表面平整度和光滑度不好，所以需要进行打磨处理，有时还需要在不平整的部位刮涂腻子进行填充。板件经过打磨处理以后，表面光滑平整，可以喷上底漆。

5. 喷涂面漆

大包围产品表面的颜色是制作完成后喷涂的底漆颜色，安装到车身以后要根据车身颜色和顾客要求对大包围喷涂面漆。之后，大包围制作安装完成。

任务拓展

汽车贴纸

汽车贴纸具体起源已经无法考证，一般认为汽车贴纸源自于首次赛车运动，于 1887 年 4 月份在世界首次在巴黎举办的赛车比赛中亮相，距离第一部具有现代意义的汽车（1886 年）产生相隔才一年左右。因此可以说自汽车出现之日起，车贴文化便诞生了。国外车贴文化起源早，流行广，政府管控少，车贴文化深厚。比较为人所知的是 20 世纪 60 年代的 Shit happen 贴纸，当时可谓是风靡一时，电影《阿甘正传》有所涉及。国内最初比较经典的车贴是“熊出没，注意”。其实这句标语最早出现的地方并不是车身上，而是出于日本北海道的路标。由于当地经常有熊出没，为了给人以警示，许多地方都设立了标杆，上面画着熊的脑袋，并注有“熊出没，注意”的字样。后来这个标志被美国的一个卡车俱乐部引用，俱乐部内都是 2 t 以上，20 t 以下的卡车，“熊出没”的意思是我们的车很大，要注意我们的车。这个黄色的圆形标志成为其俱乐部标志，被所有会员贴在车尾。随后，这种在车屁股上贴标语的行为成为一种时尚，迅速在美国蔓延开来，并且也传入了国内，成为了最早流行的车贴。

车贴风格以模仿赛场上出现过的赛车图案居多，汽车贴纸的图案简洁动感，利用简单的贴纸就可以从自己的爱车上找到一些赛车的感觉，很多人都乐此不疲。按车的不同部位，还可分为前挡贴、机盖贴、车身大贴、改装件标贴、后挡贴、装饰小贴等。按照制作工艺的不同可划分为刀刻工艺、打印喷绘、写真丝网印刷工艺。一般打印制作工艺比较简单，所用材料尤其是粘胶极有可能对车漆产生破坏作用，专业的刀刻工艺和丝网印刷工艺复杂，材料成本高但质量好很多。按车的艺术风格划分，还可以分为运动型贴纸，改装类贴纸，个性贴纸，全彩车贴，专业用途车贴。运动型贴纸主要指赛车运动贴纸，场地赛与拉力赛所用车型和赛道各有不同，汽车贴纸也有相应区别。场地赛汽车贴纸常常会见到火焰、赛旗、波浪等动感十足的图案，为赛车运动增色不少。改装类贴纸是指各个改装厂商为参展或推广新产品在展车上，往往为配合某款车型或产品而专门设计的主题贴纸，绚丽多彩，引人注目。还有很多图案是标志改装品，经过一番精心设计和搭配，与改装过的展车相得益彰。个性贴纸，依照车主个人喜好和品位，量车定做的个性化贴纸。运动化、艺术化、实用化，面向小型化，彰显车主个性。全彩车贴有渐变色效果，能喷出照片、产品效果图等，多用于全车身的大幅车贴。这种车贴的质量主要取决于喷绘的精度和所采用的油墨。质量好的喷绘车贴能达到照片级精度。专用用途车贴概指范围较广，常用于比赛时的车体改装，或者车体防震，防晒，防刮损等特殊用途，一般制作工艺要求较高。

到如今，私家车车贴在欧美等发达国家十分常见，在国内特别受到时尚潮人的欢迎，很多欧美明星也热衷于使用创意车贴，让自己的私家车更具个性创意。私家车的好处，不仅在于美观，更能够获得一定广告补贴。

项 目 六

汽车电子产品装饰

任务一　汽车防盗器装饰

任务描述

近年来，随着机动车保有量的增加，我国机动车被盗案件也呈逐年上升的趋势，为防止车辆被盗，许多汽车厂商在车辆出厂前就配备了防盗装置，但是多数没有报警功能。

汽车防盗报警器就是安装在汽车内部的，与汽车相关电路连接，可以锁止起动机供油或点火系统的电路，起到报警和防盗作用的装置。

任务目标

（1）了解汽车防盗装置的种类和发展趋势。

（2）知道汽车电子防盗装置的组成。

（3）会安装、检测、维修电子防盗器。

任务学习

一、汽车防盗装置的分类

目前市场上的汽车防盗装置可分为机械式、电子式、芯片数码式和网络式四大类。

随着电子和网络技术的不断发展，新型的汽车防盗装置会被陆续开发出来。

（一）机械式防盗装置

机械式防盗装置是采用金属材料制作的各种防盗锁具，包括转向柱锁、转向盘锁、踏板锁（离合器踏板锁、制动踏板锁）、变速杆锁、车轮锁等。使用时，通过这些防盗锁具锁住汽车的操纵部件，使窃贼无法将汽车开走。该类防盗装置的特点是简便易行，价格便宜。缺点是防盗性不高，不能报警。

1. 转向柱锁

现代轿车一般在出厂时都配置了转向柱锁。转向柱锁主要由锁杆、凸轮轴、锁止器挡块、开锁杠杆和开锁按钮等组成。当驾驶员拔出钥匙后，转向盘旋转一定角度后，转向柱便被锁住，使汽车无法正常驾驶。

2. 转向盘锁

转向盘锁有两种结构，一种是直杆结构，由锁杆、锁栓和锁头组成。两个锁栓分别固定在转向盘的径向两相对端，锁杆的另一头插在车内任意地方加以固定，这样就可防止窃贼转动转向盘，如图 6-1-1 所示。另一种转向盘锁结构形似拐杖，所以也称拐杖锁。该锁两端的手柄长度可进行调整，一端挂在转向盘上，另一端挂在离合器踏板上或制动踏板上。一旦锁定，转向盘就不能转动，挡位也挂不上。

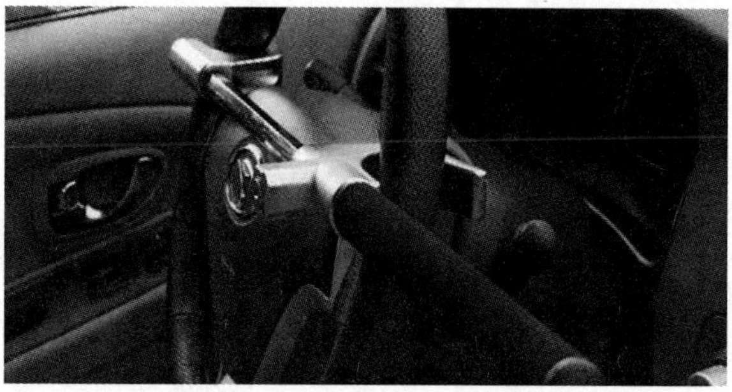

图 6-1-1　机械式转向盘锁

3. 踏板锁

踏板锁主要有制动踏板锁和离合器踏板锁两种，该防盗锁锁在制动踏板或离合器踏板杆上，使汽车无法换挡或无法制动，这样窃贼就无法将汽车开走。

4. 变速杆锁

变速杆是汽车的主要操纵部件，如果不能拨动变速杆，盗贼也就无法盗走汽车，所以很多车辆采用锁定变速杆的方法来防盗。

5. 车轮锁及车轮防盗螺栓

车轮锁是将锁具锁在车轮，如图 6-1-2 所示。

图 6-1-2　车轮锁

车轮防盗螺栓的结构是在螺栓顶端有一个可以横向移动的防尘盖，内部是一个锁芯，更换车轮时要打开锁芯，螺栓才能转动。有些车辆为防止车轮被盗，将车轮螺栓制成内螺纹形式，安装好以后外部与轮毂表面平齐，只有用专用的适配接头才能将车轮卸下，以此达到防止汽车车轮被盗的目的。

（二）电子式防盗装置

随着电子技术在汽车上的应用，各种电子防盗报警器应运而生。它克服了机械锁只能防盗不能报警的缺点，主要靠锁定点火或起动装置来达到防盗的目的，同时具有声音报警等功能。电子防盗装置设计先进、结构复杂，包括起动控制、遥控车门和报警三部分，主要由防盗控制单元识读线圈、警告灯，汽车钥匙等元件组成。点火钥匙和信号发生器制成一体，当钥匙处于接通位置时，防起动装置向钥匙接收器发出的电信号，信号接收器随即通过防起动装置向控制单元发送密码信号以供识读。车门控制和报警系统制成一体，报警系统在关闭点火开关、拔下钥匙并锁定车门、后备箱等后自动进入警戒状态，若车门或发动机盖被强行打开，报警系统将自动报警。

汽车电子防盗器一般都具有遥控功能，安装隐蔽，操作简便。缺点是容易误报，不能从根本上解决车辆丢失问题。随着科技的发展，汽车电子防盗器增加了许多方便、实用的附加功能。现在市场上出现了具有双向功能的电子防盗器，它不仅能由车主遥控车辆，车辆还能将自身状态传送给车主。

（三）芯片式数码防盗器

芯片式数码防盗器是现在汽车防盗器发展的重点，大多数汽车均采用这种防盗方式作为原配防盗器。芯片式数码防盗器的基本原理是锁住汽车的电路或油路，在没有芯片钥匙的情况下无法起动车辆。数字化的密码重码率极低，而且要用密码钥匙接触车上的密码锁才能开锁，杜绝了被扫描的弊病。

防盗芯片具有特殊诊断功能，即已获授权者在读取钥匙保密信息时，能够得到该防盗系统的历史信息。系统中经授权的备用钥匙数目、时间印记以及其他背景信息，成为收发器安全特性的组成部分。此外它独特的射频识别技术可以保证系统在任何情况下都能正确识别驾驶者，在驾驶者接近或远离车辆时可自动识别其身份自动打开或关闭车锁；无论在车内还是车外，都能够轻松探测到电子钥匙的位置。

（四）网络防盗

网络防盗是指通过网络来实现汽车的开关门、起动、截停、定位以及车辆会根据车主的要求提供远程的车况报告等功能。网络式汽车防盗系统主要有两种：一种是全球卫星定位，通过 GSM 进行无线传输的 GPS 防盗系统，俗称“天网”；另一种是以地面信标定位，通过有线和无线传输对汽车进行定位跟踪和防盗防劫的 CAS 防盗系统，俗称“地网”。网络防盗主要是突破了距离的限制，覆盖范围广，可用于被盗汽车的追踪侦查，可全天候应用，破案速度快，监测定位精度高。

GPS 系统全称为“全球卫星定位系统”。GPS 应用于汽车反劫防盗服务得益于卫星监控中心对车辆的 24 h 不间断、高精度的监控服务。该系统由安装在指挥中心的中央控制系统、安装在车辆上的移动 GPS 终端以及 GSM 通信网络组成，接受全球定位卫星发出的定位信息，计算出移动目标的经度、纬度、速度、方向，并利用 GSM 网络的短信息平台作为通信媒介来实现定位信息的传输，具有传统的 GPS 通信方案所无法比拟的优势。

但由于 GPS 防盗技术存在信号盲区，报警迟缓，其防盗性能也无法有效保障车辆被盗。同时，价格昂贵，每月要交纳一定的服务费。

二、汽车电子防盗系统的组成

汽车电子防盗器包括主机、遥控器、振动传感器、警示灯、报警喇叭、天线、熄火控制器和线束等。其中，最重要的是主机和遥控器。电子防盗系统的工作电压为（12 ± 3）V，工作频率为 400 ~ 450 Hz。

1. 主　机

（1）电子防盗器主机是整个防盗系统的控制电脑。通过天线接收遥控器控制信号，实现警戒设定与解除、中控锁控制等一系列遥控功能。同时还能接收振动传感器、边门、尾门、脚刹等信号输入，通过报警器实现报警、中控锁自动化等功能。通过熄火控制器，实现在车辆警戒状态下，发动机无法起动，防止被盗。

（2）主机与遥控器的匹配：按住主机壳侧学习孔内的“学习”键，警示灯闪烁，表示学习成功。这时不要松开学习键，按另一遥控器任意键一次，听到回传音乐声，警示灯闪烁后熄灭，表示学习成功，重新配置完毕。

2. 遥控器

遥控器通常有 5 个按键，各按键功能如下：

（1）设定键。短按设定键，锁车门，并进入声光警戒状态；长按 2 s 以上，进入声光寻车状态。

（2）解除键。短按解除键，警戒解除，车门开锁。

（3）静音键。短按静音键，锁车门，进入静音警戒状态；长按静音键 2 s 以上，进入闪灯寻车状态。

（4）尾门键。长按尾门键 1 s 以上，开启行李箱。

（5）同时按设定键和解除键 1 s 以上，进入设置。

三、防盗器的安装工艺

（一）安装工具与工艺

1. 正确使用工具

（1）正确拆装车辆饰板、车门及仪表盘（需要时）。注意选用规格尺寸正确的工具，工具包括：不同规格的十字螺丝刀、剥线钳、内梅花扳手、内六角扳手、剪钳等。

（2）应注意正确使用试电笔和万用表等仪器、仪表。注意万用表的挡位要设置正确。

2. 线束的连接

（1）正确剥线。根据线径粗细不同，将接线端外缘皮剥去 25 mm 左右。剥皮时要注意内部铜线可能受伤或被剪断，线皮剥好后铜线应完好无损。

（2）正确接线。将露出的铜线绕束扭紧在一起，用绝缘胶布缠好。在搭接启动线或点火线时，剥线应长至 30 mm，线皮剥好后，先将铜线一分为二扭紧在一起，然后将两条线一分为二的部分分别扭紧在一起，再将它们合二为一扭紧用胶布缠好。

（3）正确缠线。使用的胶布要符合电工标准，注意其绝缘性和有效期。缠绕胶布时，要稍用力将胶布稍稍拉长，然后缠绕。这样缠好的胶布会自然地绑紧在搭接好的导线上，胶布不易松开，安全、牢固性较好。

注意：

① 缠绕常火线、起动线和 ON 线时，需按胶布的使用方法缠绕 2 次。

② 缠绕时胶布要有外延，不得有铜线丝露出。

③ 断电继电器下的几条线，接好后不要用胶布大面积长长地将几条线缠绑在一起，这样不易散热，易出危险。

（二）中控锁与防盗器的连接

1. 中控锁触发方式的判断

中控锁的触发方式有负触发方式、正触发方式和正负触发方式 3 种。

（1）负触发方式的判断。用测试笔固定夹一端接地（搭铁），触笔一端触试中控锁的两条控制线，中控锁若工作，该两条线是中控锁的负触发控制线。

（2）正触发方式的判断。用测试笔固定夹一端接电源，触笔一端触中控锁的两条控制线，中控锁若工作，该两条线是中控锁的正触发控制线。

（3）正负触发方式的判断。若用上面两种方法去判断中控锁都工作，就是正负触发方式。

2. 中控锁与防盗系统的连接

中控锁与防盗器接线原理图如图 6-1-3 所示。

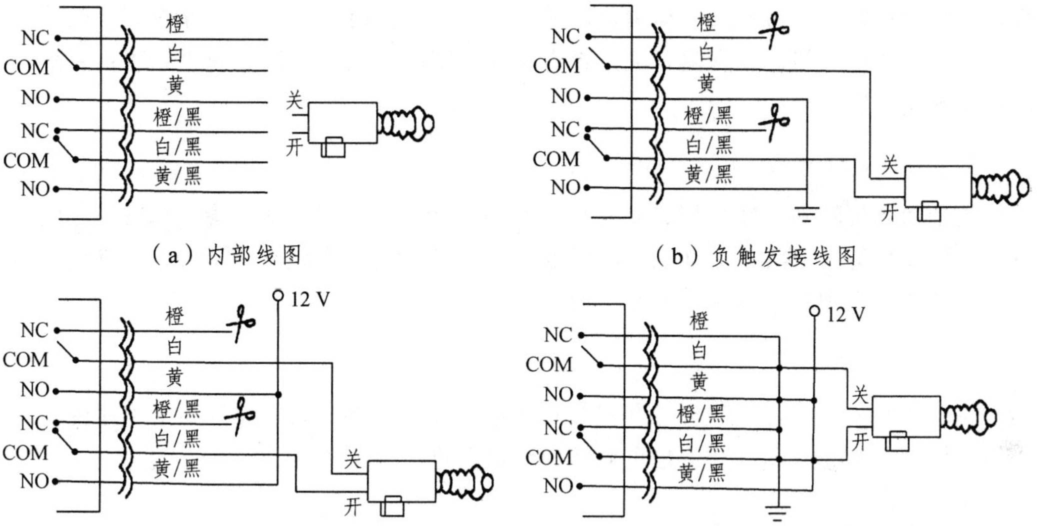

（a）内部线图　（b）负触发接线图

（c）正触发接线图　（d）正负触发接线图

图 6-1-3　中控锁与防盗器接线原理图

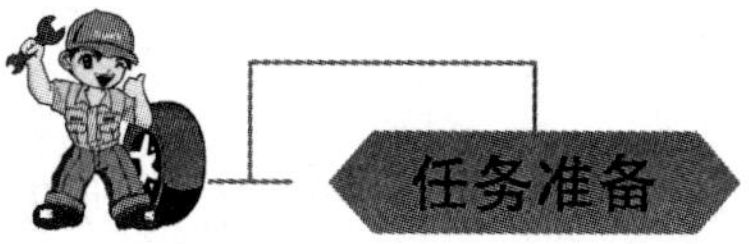

（1）场地：理实一体化教室。

（2）器材：实训整车 2 台、工具 2 套、材料若干。

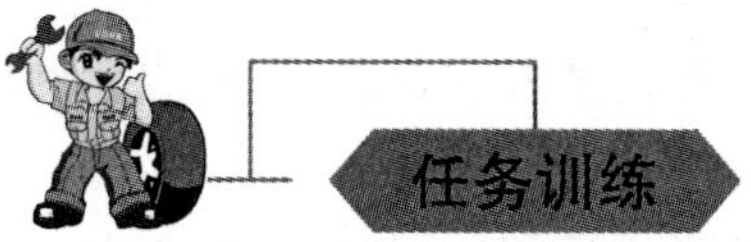

一、电子防盗器的接线

（一）安装前检查原车电路

1. 检查中控锁电路

用原车钥匙（或中控锁开关）开启/关闭左前车门，观察所有车门是否在同一时间内开启或关闭。目的是防止原车各门锁电路或机械结构出现故障。

2. 检查车门开关

分别打开各车门，检查所有车门检测开关是否接触正常，观察分别打开车门时，车顶灯是否正常亮。目前大多车型顶灯带有延时熄灭功能，检查时须等顶灯熄灭后，再依次打开其他车门。检查门开关是否有损坏、漏电、接触不良等现象。防止装防盗器后出现误报警。

3. 检查起动电路

用车钥匙旋转到 ON 位置，观察仪表盘内各指示灯情况（如气囊、ABS、充电、发动机故障灯等），然后正常起动车辆，再观察各指示灯熄灭情况有无异常。避免车辆安装防盗器后出现异常与车主发生纠纷。

4. 检查转向灯电路

钥匙转至 ON 位置，分别打开左右转向灯开关，观察左右闪光灯频率（速度）是否一样（打开紧急双闪灯开关也可对转向灯电路进行检查）。

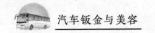

（二）接线与安装

打开防盗器包装盒，确认组件是否完全。拿出安装说明书，按车型进行接线。安装步骤如下：

1. 行李箱接线

（1）拆掉驾驶员侧 A 柱饰板，找到原车线组。

（2）防盗主机行李箱门触发线接原车行李箱照明灯线。如果行李箱有电动机，将防盗器触发线接在行李箱开关与电动机之间。

2. 警示灯安装

LED 警示灯安装到仪表板上，要求车外行人容易看到，以达到警示的目的。

3. 电源接线

（1）拆掉转向盘下方的塑料盖，找到原车线组，把防盗器主机的 12 V 线接到原车线路常火线（原车常火线较粗）上。

（2）判断常火线。在钥匙开关处于“OFF”或任何状态时，都有+12 V 电压的线即为常火线。

4.“ACC”线的连接

（1）防盗器主机的“ACC”线接到原车的“ACC”线上。

（2）判断“ACC”线。钥匙开关旋至“ACC”位置时电笔会亮，旋至“ON”位置时电笔也亮，当起动起动机时电笔灯会灭（无电），此线即为“ACC”线。

（3）钥匙旋至“ON”时，测电笔有电，在启动起动机时测电笔也会亮（有电），此线即为“ON”线。

5. 中控锁接线

用试电笔测试原车中控锁的触发方式，将防盗器主机与原车中控锁线路连接。

6. 转向灯接线

（1）把原车转向灯线接到防盗器主机两条方向灯线，不需要分左右。

（2）转向灯线判断，钥匙必须开至“ON”，开左右转向灯时该线分别测试电笔会亮，此线为转向灯线。

7. 边门接线

安装时根据车型在主机后面选择正确的触发方式。出厂时设置为边门负触发。

注意：门开关检测线连接时一定要接顶灯控制总线（四门总线），不要接在左前门开关线上，因为主门开关线和其他门开关线是通过二极管分离开的，相互不连通，避免装防盗装置后在设定警戒时，出现开后门不报警现象。

8. 喇叭接线

（1）在发动机舱内选好合适的位置安装喇叭。

（2）将喇叭的连接线通过原车的通线孔，与驾驶室内主机相连。

注意：

① 安装时喇叭口向下倾斜，以防止进水。

② 要远离发动机排气管高温处，以免高温损坏。

（3）报警喇叭通过不同的发声起警报的作用，喇叭可以通过调整选择不同的声音或声音组合：

① 打开喇叭底部的调音盖，拧开调音盖固定螺钉并取出调音盖。

② 任意拨动声音开关，可以产生个性组合声音。

调音完毕，将调音盖紧贴防水胶圈并锁牢，防止进水。最后把调音盖盖好。

9. 脚制动接线

脚制动接线连接在制动踏板开关与制动灯之间。

10. 振动传感器安装

（1）振动传感器要安装于仪表台下方并紧贴车体金属结构部位，否则会影响感应灵敏度。

（2）振动传感器振动灵敏度可以通过灵敏度调整旋钮调节，顺时针调整灵敏度提高。出厂时灵敏度调整在适中位置。

11. 熄火控制器的连接

熄火控制器有油路熄火控制器和起动电路熄火控制器两种，它们的连接方法如下：

（1）起动机断电电路。将起动机控制线剪断，将熄火控制器串联进线路中。在防盗器处于警戒状态时，切断起动电路，使汽车无法起动。

（2）油路熄火接线，将油泵控制线剪断，将熄火控制器串联接入电路中，控制油泵工作，达到使车辆熄火的目的。

（3）起动机控制线查找，测电笔一端接地（搭铁），一端找线。钥匙开关置“ON”状态，测电笔不亮，起动起动机时测电笔会亮，关闭起动机时测电笔会灭，该线为起动机控制线。

（4）剪断原车相应线路，将防盗器继电器串接在两端。

12. 安装天线

主机天线位置与遥控距离有很大关系，一定要严格按说明书上要求进行安装，否则会影响遥控和接收距离。

（1）若前风窗玻璃未贴玻璃膜，可选择在指定位置后视镜背面安装，若选择在可选安装位安装，天线距离玻璃边缘不小于 10 cm。

（2）若前风窗玻璃已贴玻璃膜，可在指定位置后视镜背面安装。

（3）按线完毕，选择合适的位置安装防盗主机。主机安装位置应于仪表台下方隐蔽处。将线束按接线图相应的端子线连接，确认无误后，将线束捆扎整齐。

（三）安装完成的功能测试

（1）防盗器主机所有配线连接完成后，要先进行调试后再装上装饰板。检查各配线插头是否与主机插座接触紧固，有无松动现象。将车钥匙旋至“ON”位置，踏刹车时，中控锁应自动上锁；车钥匙旋至“OFF”位置时，中控锁会开启，然后分别依次打开各车门时，转向灯应双闪。

（2）关好所有车门，用遥控器设定防盗 10 s 后，振动车辆，防盗器应立刻发出报警声音。振动传感器的灵敏度大小，可根据安装车型大小做适量调整。

（3）全部功能测试完成后，应向车主讲解常用功能的操作方法，包括遥控和接收的大概距离、遥控器的电池使用时间、紧急解除开关的功能使用。

二、汽车防盗系统常见故障及处理方法

故障 1：主机安装之后，喇叭一直鸣叫，无法用遥控器解除。

处理方法：

（1）检查接线是否有问题。

（2）检查主机保险丝是否烧断。

（3）检查主机与遥控器号码是否吻合，遥控器与主机重新学习解决。

故障 2：设定警戒后，轻触车辆即报警。或者车辆暂停路旁时，当有重型车经过就会触发报警。

处理方法：

（1）检查振动传感器是否灵敏度过高，逆时针调节振动传感器灵敏度调节旋钮，降低灵敏度。

（2）如果故障仍不能解决则更换振动传感器。

故障 3：遥控器能设定防盗，但是中控锁没有反应。

处理方法：

（1）检查中控锁门锁配线是否被破坏造成短路或断路，线路安装是否正确。

（2）检查中控锁配线保险丝是否断开。

（3）检查中控锁的触发方式，重新按安装说明接线。

故障 4：解除防盗后，打开车门，方向灯不闪；或者设定防盗后，强行打开车门不报警。

处理方法：

（1）检查防盗器车门检测线安装是否正确。

（2）检查原车门感应开关是否断开或接触不良。

故障 5：防盗器装车后或使用过程中，报警喇叭无声或有时发声不正常。

处理方法：

（1）检查是否开启静音防盗功能。

（2）检查主机与喇叭之间连线是否接触不良，接线是否正确。

故障 6：设定防盗之后，10 s 内喇叭立即大声鸣叫，解除之后再设定也是同样情形。

处理方法：

（1）检查振动传感器是否正常或太灵敏。

（2）检查边门检测线与脚刹检测线连接是否正确。

故障 7：遥控距离明显偏近或使用中遥控距离慢慢变短，无法遥控。

处理方法：

（1）检查主机天线安装位置是否符合标准安装要求。

（2）检查主机插座与天线插头是否有接触不良现象。

（3）使用中，防盗系统周围是否有高建筑物或无线电发射装置，因为高频电磁波对防盗系统使用距离有较大影响。

（4）检测电池电量是否充足。

任务拓展

机动车防盗小知识

停车时，尽量选择地势开阔的场地，最好停放在有人看守的停车场，要避免将车停放在没有灯光或者光线昏暗的地方。

如果有时万不得已必须把车停放在较为隐蔽的角落时，尽可能将车头朝外，这样就算真有盗贼“光顾”，也容易被发现。下车时将收音机打开并开大音量，也可起到一定的警示作用。选择汽车防盗装置不可贪图便宜，一定要选择正规厂家、科技含量较高的产品，尽量给偷车贼的盗窃行为增加难度。同时，不要轻易将车辆借给他人使用，对机动车维修和保养也要选择正规的修理厂，减少被他人偷配钥匙盗走车辆的可能性。

人离开车尽量不要将现金、手机等贵重物品和包放在车内，以免诱使窃贼铤而走险。有条件尽量安装 GPS 卫星定位系统，使用该系统的好处在于一旦车辆被盗，监控中心会及时与车主联系，征得车主同意后采取汽车停电、断油的反控措施，并指派警务人员到现场处置，确保车主车辆的安全。

任务二　汽车音响装饰

任务描述

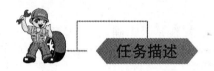

早在 1923 年，美国首先出现了装配无线电收音机的轿车，随后许多轿车都步其后尘，在仪表板总成上安装了无线电收音机。那时车用的无线电收音机都采用电子管，直到 20 世纪 50 年代出现半导体技术后，轿车收音机出现了技术革命，用半导体管逐步取代了电子管，大大提高了轿车收音机的使用寿命。20 世纪 70 年代初，卡式收录机进入了市场，一种可播放卡式录音带的车用收放两用机出现在轿车上，同时机芯开始应用集成电路。直至 20 世纪 80 年代末，一般轿车的音响多以一个卡式收放两用机与一对扬声器为基础组合，扬声器分左右两路声道，有的置于仪表板总成的两侧，有的置于车门，有的置于后座的后方，收放两用机输出功率多在 20 W 左右，如图 6-2-1 所示。

图 6-2-1　汽车音响

随着液晶显示屏和 DVD 的普及，汽车业兴起了“移动影院”，将其作为种新配置来提升汽车的档次。所谓“移动影院”，就是在汽车里面安装一套类似“家庭影院”的娱乐设备，它的系统主要由液晶显示屏、含有 DVD/VCD/CD 播放功能的 CD 机、放大器、扬声器等组成。汽车“移动影院”不仅可以增添电脑操作功能，还可以增置上网功能，使汽车进入互联网世界。

任务目标

（1）了解汽车音响的特点。

（2）认识汽车音响系统的组成元件。

（3）掌握汽车音响的改装操作方法。

任务学习

一、汽车音响的特点

汽车的运行环境是十分恶劣的，包括振动、高温、噪声、电磁波等都会干扰车内电子设备的正常工作。汽车音响随时受到汽车发动机点火装置及各种用电器的电磁干扰，尤其是车上所有电器都用一个蓄电池，更会通过电源线及其他线路对音响产生干扰。因此，轿车专用的音响设备从设计和工艺制造方面的要求都要比家用音响严格。从这个意义上讲，高性能的轿车音响实际上是当今音响世界中的顶级产品。

汽车音响技术要注意的有 4 点：音响的安装技术、音响本身的避振技术、音质的处理技术和抗干扰技术。

（一）安装技术

汽车上的音响绝大多数安装在仪表板或副仪表板的位置上，而这些仪表板内的空间比较狭窄，汽车音响主机的体积必然要受到限制，因此国际上就产生了一个通用的安装孔标准尺寸，称为 DIN（德国工业标准）尺寸。标准的 DIN 尺寸为 178 mm × 50 mm × 153 mm（长 × 宽 × 深）。有些比较高级的汽车音响主机带有多碟 CD 音响等装置，安装孔尺寸为 178 mm × 100 mm × 153 mm，又称为 2 倍 DIN 尺寸。而个别品牌的轿车的音响主机属于非标尺寸，只能指定安装某种型号的汽车音响。所以购置汽车音响，一定要注意音响主机尺寸与仪表板上安装孔尺寸是否适配。

汽车音响的安装除了仪表板安装孔尺寸外，更重要的是整个音响系统的安装，尤其是喇叭和机件的安装技术。因为一辆轿车的音响优劣，不仅与音响本身的质量有关系，还与音响的安装技术有直接关系。

（二）避振技术

汽车的振动比较大，音响系统的安装技术要追求高稳定性和高可靠性。因此汽车音响具有以下的特点，CD部分采用多级减振方法，要求线路板上的元件焊接绝对可靠。

（三）音质处理技术

汽车音响的音质处理已向数码技术发展。音质优劣除了主机配置外，还有喇叭的质量起到非常重要的作用。有人认为，在一般汽车音响中，喇叭至少应占总投资的一半以上。因为制造优质的喇叭需要复杂的技术，价格不菲，但其产生的高、低音效果往往是普通喇叭无法达到的。所以，轿车音响的喇叭一般是比较讲究的，尤其是多路分频喇叭更是如此。

（四）抗干扰技术

汽车音响的抗干扰技术为：对电源线的干扰采用扼流圈串在电源与音响之间进行滤波；对空间辐射干扰采用金属外壳密封屏蔽；在音响中专门安装抗干扰的集成电路，用以降低外界的噪声干扰。

三、汽车音响系统组成

汽车音响系统一般由主机、信号处理器（均衡器、分频器等）、功率放大器（简称功效）和扬声器构成，还包括线材、保险、电容、电感等小附件。

音频信号通过主机输出之后，进入后级处理部分，经信号处理器处理，经功率放大器放大，再输出到驱动扬声器。如图6-2-2所示。主机就好像人的大脑，要发出什么样的声音，得由大脑来控制。而扬声器就好像是人的歌喉，发出的声音是否甜美，就要看其嗓音如何了。

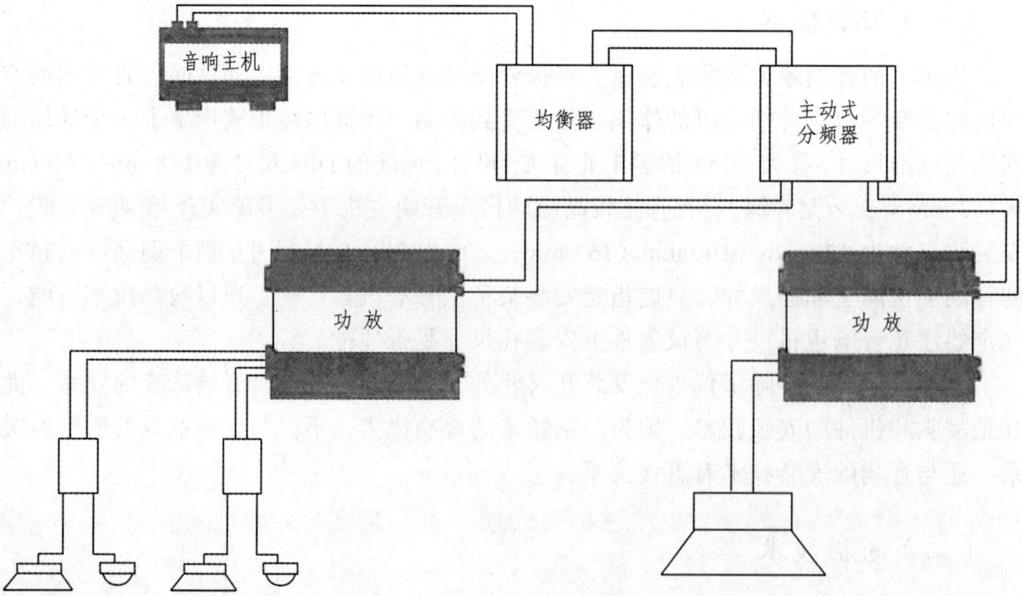

图6-2-2　汽车音响系统的构成

（一）汽车音响主机

在音响系统中，音源是关键的部分之一。好的音源是好的音质的开始，如果音源的质量不佳，后级的音响器材再好，也不能改善音质，而且越好的后级器材系统，越能彰显音源的性能差异。

1. 音频信号格式

（1）AM/FM 收音机

收音机是汽车影音系统主机中最常见的音频信号源，它可以从数以百计的公共广播中拾取信号，而不会受到其他信号的干扰，并且还不会受到汽车点火系统和其他电子设备的影响。收音机拾取信号的灵敏度要求非常高，拾取信号的强度小到只有百万分之几伏，而且还不受临近的强信号的影响。有的收音机在设计时，还会在信号减弱的情况下，将立体声的信号合并为单声道的信号输出。

（2）卡　带

卡带是以前很多原车音响主机的音频信号源，现在已经被其他格式的音源取代。它是一种表面铺盖一层磁粉的塑胶带，卷在两个卷轮上的小型盒子里。录音时音频信号通过录音头，产生磁感应从而磁化磁带上的磁粉。放音时，放音头将磁带上记录的信号重播出来。

（3）CD

是市场中份额最大的高质量数字音频格式，可以存储音乐信号和其他通用的数字式数据信息。要从 CD 上读取信息，需要经过 A/D（模拟/数码）转换。由音乐、人声以及其他声音形成的模拟音频声波被编码成特定的二进制数字 0 和 1。

CD 的优点是音质细腻，还原效果好，作为发烧友使用最好。缺点是每张唱片的时间短，录制的曲目少。

（4）DVD

DVD 是 Digital Versatile Disc 数字式多用途光碟的简写，有着非常广泛的用途。目前它主要用作播放高质量的视频、音频信号的电影节目的光学储存媒体格式。它的尺寸与 CD 基本相同，只是稍厚一些。

（5）数字卫星广播

数字卫星广播是汽车娱乐系统中最新的技术创新，可以为用户提供优异的音质、程式选择和全国性的覆盖范围。必须要用特殊的接收机和较复杂的天线才能接收到卫星信号。

（6）MP3 汽车多媒体唱片机

MP3 全名为 MPEG-1 AUDIO LAYER3，是一种通过数字电脑科技压缩的电脑档案格式，将声音转变成数字电脑档案，用来存储乐曲。由于 MP3 档案经过压缩，存储一分钟的高素质音乐只需 1 MB 的记忆容量，较一般存储格式低 10 倍的容量，所以一张 650 MB 的 CD 便可储存 130 首歌，档案占用的储存空间大为减少。MP3 的出现，使在一张 CD 上可刻录更多歌曲，免除了换碟的麻烦。

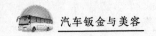

MP3 音乐是当今最流行的音乐格式，与普通的音乐 CD 比较，它不但可以通过互联网下载，取得世界各地不同的音乐，然后编制及刻录成一张属于自己的音乐 CD，全无时间与地域的界限，而且更可以保留原有音色。简单来说，MP3 技术是一种可以将一般的音乐格式编码、传递、压缩至体积更小的格式而无损原有音色的技术。MP3 的缺点是由于压缩造成一些信号的丢失，所以音域与 CD 相比会窄些。

2. 评价主机好坏指标

选购汽车音响的主机，不能光看外表是否好看，还得从基本的技术指标上来评价。下面是一些需要注意的指标：

（1）输出功率

输出功率是指主机在正常输出音乐时能够提供的最大工作功率。需要注意的是，厂商在产品说明当中标注的数值只是该主机所能提供的峰值功率，实际上能够稳定输出的数值会大打折扣，能够提供的正常功率只有该数值的 50%左右。搭配主机和扬声器时，要注意实际的功率匹配问题。

（2）频率响应

频率响应反映了音响主机的工作频率范围，这个范围越大越好。人类的听力范围是 20 kHz ~ 20 kHz，所以频率响应范围至少应该涵盖这个频率段。事实上很少有人的听力能达到 20 kHz，男人般能达到 16 kHz，女人为 18 kHz。

（3）信噪比

信噪比指的是音乐信号与噪声信号之间的比例。在选择音响的时候，这个数值越大越好，数值越大说明声音越干净，清晰度越高。

（4）谐波失真

谐波失真指原有频率的各种倍频的有害干扰，一般放大 1000 Hz 的频率信号会产生 2000 Hz 的二次谐波和 3000 Hz 以及更高次数的谐波，理论上讲这个数值越小失真度也就越低。

3. 汽车音响的主机品牌

有些车主在购买主机时比较注重外表，对于音响本身的内在质量和性能却不予考虑。其实买音响是为了听而不是看，有些品牌机型，外观上看起来朴素，但与汽车仪表板配合起来很协调，技术性能指标堪称一流，音乐的表现力和音质都很好，选择这样的主机就比那些华而不实的要好。

（二）信号处理器

在汽车影音系统中，信号的处理一般是采用均衡器、主动式电子分频器、数字式信号处理以及信号的前级处理。其中，主动式电子分频一般是采用较优秀的主机，低音激励器简单的主动式电子分频一般集成到功率放大器中。所以在汽车音响中信号处理器，一般是指均衡器。

1. 均衡器的作用

是对信号频率响应及振幅进行调整的电声处理设备，简称“EQ”。它可以改变声音与谐波的成分比、频响特性曲线、频带宽度等。频率均衡器广泛用于各种音响系统，在汽车音响中它更对美化声音起到广泛的作用：

（1）弥补频响缺陷。

（2）弥补声源音质音色缺陷。

（3）突出乐器特色或改变乐器音色。

（4）平衡乐队中各个声部的响度。

（5）提高音乐信号的丰满度、明亮度和清晰度。

（6）增加临场感，调整演奏层次。

（7）缓解声部间窜音，衰减泄露频率。

（8）去除噪声及干扰声，提高信噪比。

（9）修正听音环境频响缺陷，均衡室内频响。

可以说，均衡器是录音师和音响师工作中最重要的调音工具，在汽车音响中，由于汽车空间的影响，均衡器最大的特点是修正听音环境的频响缺陷。

2. 声音频段

在音乐节目的频域内，各个频段都有其独立的作用，对各段频率的提升或衰减都会使音乐的内涵发生变化。

（三）功率放大器

在汽车音响系统中，功率放大器将主机或信号处理器输出的低电平信号经过再次前级放大和多级放大之后，以大功率驱动扬声器。现在，功率放大器不再只是简单地将信号放大，还有相当部分的前级处理，如前级的主动式电子分频、低音激励器等。

1. 功率放大器组成

不管是哪个类型的汽车音响功率放大器，它都是由电源部分和音频部分组成。电源部分先将车载电源经滤波处理，再由升压变压器提升电压供给音频部分来驱动扬声器。升压变压器将电压提升就要求所供给的电流要增大，电压越大所需电流也越大。

（1）电源部分

在功率放大器的电源部分，电容起着稳定电压的作用。在功率放大器的电源输入前，加装法拉级电容，也可以起到稳定电压、提供瞬间大电流的作用。

（2）音频部分

在音频部分，也分为前级信号处理部分和后级功率放大部分。前级信号处理部分是将输入信号进行滤波和电平调整（音量控制）。功放的功率输出部分，又按信号的正负分成两个部分来驱动扬声器，两个部分分别由两个功率放大管来驱动。功率放大的A类、AB类等就是按处理信号正负部分的状态来区分的。

2. 功率放大器的声道配置

在汽车音响中，功放的声道数有单声道、两声道、四声道、六声道甚至八声道。选择哪种声道的功率放大器非常重要，这对系统配置、功率配置等都起着决定性作用。

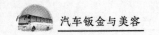

在选择功放的声道配置时，首先应根据客户的预算，其次再考虑声道的配置以及功率的搭配。

（四）扬声器

扬声器是一种换能器件，可将音频电信号转换（还原）成声信号（声波）。由于受到扬声器发声体（振膜）物理特性的限制，目前的技术工艺尚无法使单振膜的全频带扬声器较完美地展现整个音频范围的声音。所以，通常将不同频段的扬声器分别设计，使之能在各自的频段内获得最好的重播特性。

1. 扬声器分类

（1）按还原频段可分为：高音扬声器、中音扬声器、中低音扬声器和低音扬声器。

（2）按喇叭口径可分为：3/4 寸、1 寸、3 寸、51/4 寸、6.5 寸，8 寸、10 寸、12 寸和 18 寸等。

（3）按组合方式可分为：同轴扬声器和分体式扬声器。

2. 扬声器的组成

电动式扬声器由驱动系统（磁钢、极柱、上夹板、下夹板、音圈），振动系统（音盆、防尘帽），悬挂系统（弹波、折环）和支撑系统（盆架）等组成。

（1）驱动系统

驱动系统包括磁钢、极柱、上夹板、下夹板和音圈等五部分。极柱和磁钢一般合在一起称作“T”铁，上夹板又叫前导磁板或华司。磁钢通过极柱和上夹板之间的磁隙构成磁回路，在磁隙中产生很高的磁场强度。音圈沿卷幅的中心对称地放在磁隙的正中，音圈越小，瞬态反应越佳。

（2）振动系统

振动系统由音盆（即锥盆，也称为振动板或胴体）和防尘帽构成，是扬声器直接发声的部分。它在音圈的驱动下，在弹波和折环的支撑下来回振动发声。

音盆越小，空气移动量越小，声压输出越小，频率越高，指向性越强。所以高音喇叭一般采用球顶高音，使高频的指向性更加宽广；音盆越大，承受功率越大。

（3）支撑系统

含定心支片（俗际弹波）和折环（又称为悬边）两部分，两者的配合可使音圈在动态和静态时均能与极柱同心，并给振动系统提供一定的恢复力。

3. 音盆材质对音质的影响

（1）纸 盆

纸盆是最古老的材质。一般来说，纸盆的声音特性为平顺自然、明快清晰。另外，纸盆的刚性颇佳，对于瞬时反应和听感的细节表现有很好的成绩。再者，若设计和制作得当，纸盆可以做得很轻，比最轻的塑料振膜还轻15%以上。虽比起最新的高科技合成纤维材料，纸质还是稍重了点，但其实相差不大，因此发声效率高。纸盆可能的弱点是其特性会随环境湿度而变化，因纸吸收了湿气后其密度会变大（变重）、刚性会变差（变软），所以发声的特性也会受影响。

（2）塑料振膜

最常用的材质应属聚丙烯（简称PP）。多数高分子聚合物的物理特性便是韧性强，所以机械能在其中传递时会很快被吸收消耗，阻尼特性很好。这项优点和纸盆类似，即高端的滑落很平顺，除了听感上柔顺自然外，能够使用低阶、简单的分音器也是一项优势。然而，相较于其他振膜材质，PP的刚性不佳，质量也较重。PP材质较弱的刚性造成了高速微动作时，音圈发出的动能无法完全且一致地传达到整个振膜，也就是发生了“盆分裂共振”现象。虽然有良好的阻尼止住了盆分裂共振，但毕竟已无法做完美的活塞运动，失真率相对提高，听感上是柔顺有余、解析力及动态性却不足。

（3）金属振膜

刚性较弱会导致动态和解析力的缺失，利用高刚性的金属材质来制作振膜，会得到很好的效果。用于直接发声的中音或低音单体金属材质，以铝金属或其合金居多，最大的优势是刚性很强，在一定范围的工作条件下不会变形，其结果是很低的失真和很好的细节解析力。但是刚性强的另一面便是内损低，能量不会被振膜材质本身吸收，所以发生盆分裂共振时会有很明显的共振峰出现在频率响应的高端，若不妥善处理，就很容易出现金属声。

（4）合成纤维材质

在硼碳纤维及蜂巢式三明治结构应用于战斗机上获得极佳成效的多年以后，有人将这类航空材料运用在音响上。既然是航空级的材料，也就兼具质轻和高强度的双重优点，可以做到质量比纸还轻，刚性比金属还强，而且强度不仅超过铝很多，甚至还高过钢铁，用来制作喇叭单体的振膜是比较理想的材料。

（5）其他材料

除了上述的四大类材质外，还有很多质轻强度佳的材质皆可制成喇叭振膜，如玻璃纤维、石墨纤维，电木、丝质纤维以及真空烧结精密陶瓷等。这些材料中有些适于做高音，有些适于做中音，有些适于做低音，有些高中低音皆宜。

4. 扬声器的参数

（1）额定阻抗

额定阻抗是指扬声器的最小阻抗值，也是衡量扬声器能从功放处消耗多少功率的指标。如果此数据和功率放大器的额定阻抗不搭配，会出现声音失真的现象。例如，一台 10 W 的功放，在 4 Ω 时其输出功率为 10 W，8 Ω 的扬声器就只有 5 W 的功率，而 2 Ω的扬声器在理论上就可以得到 200 W 的功率。

（2）灵敏度

灵敏度又称声压级，是衡量车载扬声器是否容易推动时相当重要的指标，是指给车载扬声器施加 1 W 的输入功率，在喇叭正前方 1 m 远处能产生多少分贝的声压值。灵敏度的单位为分贝/瓦/米（dB/W/m），一般以 87 dB/W/m 为中灵敏度，84 dB/W/m 以下为低灵敏度，90 dB/W/m 以上为高灵敏度。灵敏度越高所需要的输入功率越小，在同样功率的音源下输出的声音越大，对车载功放的功率要求越小，也就越容易推动。

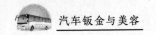

灵敏度的提高是以增加失真度为代价的，要保证音色的还原程度与再现能力就必须降低一些对灵敏度的要求。但这并不意味着，灵敏度高的车载扬声器音质一定不好而低灵敏度的车载扬声器音质一定就好，所以灵敏度本身是与车载扬声器的音质和音色无关的。

在选装扬声器时，要尽量使左右两边的数值保持致（控制在 ± 1 dB 之内），否则会有很明显的侧重感。

（3）动态范围

动态范围指的是信号最强的部分与最弱的部分之间的电平差。对器材而言，动态范围表示这件器材对强弱信号的兼顾处理能力。

（4）频率响应

频率响应指在参考轴上距离参考点规定位置处，在自由声场条件下以恒压法测得的扬声器系统声压级随频率变化的曲线。

（5）扬声器的指向特性

指向特性是指扬声器所辐射的声压在空间的分布情况。低频时，扬声器辐射面的线度，要比扬声器所辐射的声波波长小得多，扬声器可看作是一个点声源，其辐射是无指向性的。扬声器的指向性特性在高频时会明显变窄，从而减小了它的有效辐射角。因此在考虑一个扬声器的应用频率时，不仅要看它的轴向频响，也要看它的辐射方向角。这一点对两分频或三分频的分体式扬声器分频频率的选取有实际意义，因为这时不仅要使这此扬声器的轴向频响衔接起来，也要使它们在规定角度内的频响衔接起来。一般地，6 寸喇叭的指向性分界频率为 3 500 Hz 左右，5 寸喇叭的指向性分界频率为 4200 Hz 左右，而 8 寸喇叭的指向性分界频率为 2500 Hz 左右。

（五）汽车音响附件

汽车影音附件包括：电源线、信号线、喇叭线、开机线、保险座、分线器、电池头、端子、电容等。主要用于还原和提升汽车影音的音质、画质、音色等，保护影音系统避免异常电流或电压及其他电磁场的破坏。

线材对于汽车音响来说是非常重要的，良好的线材要求首先是安全，其次是抗干扰性好、衰减小。

1. 电源线

电源线的要求是电流电压稳定、阻抗小、电流衰减小，保障蓄电池给功放等设备的供电，最佳的电源线是纯无氧铜的、绝缘性好的、耐温的，从而令功放性能最大化。如果电源线用的线径太小或品质太差（铜包铝或钢丝），就无法提供音响器材所需的电力。

电源线最常用的是红色和黑色，红色作正极（火线），黑色作负极（地线）。地线的粗细跟火线要一样或再粗点。包裹电源线的绝缘材料除了绝缘性好，还要能耐高温。电源线材的选择与功率有关，功率大的往往电流也大，故需要选择较粗的线材。

2. 信号线

要求抗干扰性好，能减少信号衰减，接触良好，接头处要防止氧化。负责将音源信号传入功放，原音传输和杜绝噪声，造就真实的或发烧级的音质。如果传输的信号已经不完整、失真或受到干扰，纵使再高级的功放也只能放大失真的信号而已，所听到的声音音质也就不太理想。

汽车音响信号线通常采用双编织层同轴和二芯螺旋双重屏蔽结构，因为这两种线都具有独立屏蔽，抗干扰能力强，主要采用的规格为 6 mm 与 8 mm。一些顶级的信号线往往采用专用合金材料、卡环式插头，并在插头表面镀金以防氧化。

3. 喇叭线

喇叭线最好选择标准的、纯无氧铜的、绝缘性好的和适配的，令音频重放精准到位、细节完美无缺。与信号线道理相同，即使有相当高级的功放，由于喇叭线本身的阻抗、磁场效应以及不同的音频在线上的速度不同，功放和喇叭的效果常常会，大打折扣，不甚理想。

4. 电　容

电容有稳定电压和滤波的作用，使汽车音响系统的低音获得改善。当音响系统需要传送一个瞬间重低音，而电源无法提供足够的电流，此时就要电容来补充系统的电能，有助于降低或消除音响系统的杂讯。优质的电容必须是容量足、耐压够的电解电容。电解电容比一般电容放电和储备功能更迅速有效，且寿命较长，它的主要材料是铝箔。

任务准备

（1）场地：理实一体化教室。

（2）器材：实训整车 2 台、相应工具 2 套、耗材若干。

任务训练

一、汽车音响改装

（一）搭配设计

根据车主的个性化要求、音乐喜好、听音习惯、车型状况和投资标准进行系统优化搭配设计，选择音响系统的器材。

（二）检查车况

对车辆外观及有关电器进行仔细检查，并对座椅、方向盘等部位做好安全防护，防止人为损坏和脏污。

（三）拆件隔音

汽车的门板也是音箱的一部分，它作为扬声器的自然挡板，对扬声器系统的音质起着关键作用。所以说，汽车音响中的门板处理，如同普通音箱箱体制作一样，应引起足够的重视。在改装过程中，重点在以下 3 方面对门板进行处理，以达到高保真音效的目的。

1. 减　振

减振主要是尽量减少安装扬声器部位周围的振动，因为扬声器在工作时，音盆所产生的振动会导致其周边的钢板部分也产生振动，从而使音盆振动产生非线性失真，影响整体音质。

减振的方法一般是用固定法进行减振，就是在门板的内侧，贴覆硬度较大的减振板如胶板等材料，如图 6-2-3 所示。在扬声器的安装部位，单纯地利用表面来增加刚性还不够，最好是加装刚性较好的垫圈。在较高级的改装中，将门板重新倒模，以增加其刚性。

图 6-2-3　车门隔音处理

2. 隔　音

由于汽车的特殊性，汽车门板的处理在减振的同时，也要做相应的隔音处理。隔音是隔绝汽车的外界噪声以及行驶途中的引擎声、路噪声和风噪声等。

隔音的方法是降低固体噪声的传入，一般在减振的材料中，会采用双层的材料，同时做到吸声隔音的处理，同时在引擎舱盖、防火墙等处都可以贴覆减振材料等。而要滤除由空气中传来的噪声，在汽车环境中，处理比较困难。一般只能对汽车的密封性做处理，也就是对汽车的橡胶边条做良好的处理，特别是在改装过程中反复拆除，会使其密封性不好。在年份较久的汽车中，最好是重装新的橡胶边条。

3. 密　封

由于前声场的车门就如同音箱的箱体，所以要求门板的密封性非常好。汽车车门上有众多维修孔，如果没有处理，就会使扬声器的背面所发出的相位相反的声音与前面的声音相干涉，特别是波长较长的低频会衰减严重。

在改装前声场时，密封的处理方法是利用铅板或铝板等将维修孔封闭，并将所有部分全部用胶密封处理良好。这样可使低频下潜延伸更低，产生良好的控制力，声音清晰度加强。

（四）套管布线

对配置好的电源线、音频线和喇叭线分别套蛇纹保护管予以保护，如图 6-2-4 所示。

图 6-2-4　蛇纹保护管

（五）装配安装主机

主机的安装，从现在市面上来看，既有很简单的安装方式也有非常复杂的改装方案。一个成功的主机改装应综合考虑改装后的主机与原车的匹配性，并考虑到所有的改装配件是否齐全。只有改装的方法得当，配件齐全，才能达到最佳的改装效果。将主机安装到设计好的位置，保证安装牢固。

（六）安装功率放大器

将功率放大器按设计位置紧固安装，多数选择安装在后备箱内。安装时如果空间允许，要加装减振包布木板。

（七）安装喇叭

将塑料喇叭垫、防水罩和密封圈垫好后，用国标螺丝安装喇叭，如图 6-2-5 所示。

图 6-2-5　安装喇叭

（八）连接线材

用标配线材对音响器材按安全标准和工艺标准进行连接。接头部位要用热熔管做好套管保护。

（九）整理复原

（1）将拆下的各装饰件恢复原状，紧扣到位。

（2）仔细检查有关线路、电路和内饰各部位，并对车内做全面清洁。

（3）原车音响器材打包放到车后备箱内，装回原车随车所携带的物品。

（十）检测音响效果

对音响进行相位检测，测试可能出现杂音的各种情况，尽量消除杂音。

二、音响调音

根据车主对音乐的喜好、听音习惯和器材特性认真反复调试调节音响系统，如图 6-2-6 所示。尽量向车主详细讲解本套音响的基本使用方法、注意事项等。

图 6-2-6　汽车音响调音

1. 测试低频音的质量

劣质扬声器所产生的低频音可以震耳欲聋，但臃肿松厚、缺乏层次感和结实感。好的低频音应是洁净明快、层次分明，不会拖泥带水的，即使各种低频乐器如大小鼓声、低音吉他和低音贝司或钢琴的低音，都能轻易分辨出来。所以不要轻易被低频的量感所蒙骗，劣质低频不如干净的声音听起来自然舒服。

2. 测试中频音的人声

人声是最常听到的声音，优劣并不难察觉，留意人声是否有不寻常的鼻音或抿着嘴发声的感觉。一些扬声器的箱声同样会大大干扰中频，令此频段的声音模糊不清。中频音染相对于其他频率音染而言更为严重，因为大部分可听到的声音频率或音乐的频率都集中在中频范围。

3. 测试高频音的柔韧感

劣质的高频音是尖声刺耳、听得让人头痛欲裂，极端情况下会把小提琴或女高音的美声变为类似刹车的尖锐噪声。同样，高音中的不同乐器多产生不同的质感，好的高音是能分辨出来的。如经常说的空气感好就是高音和超高音好的原因。

4. 测试高音量及音场结像

一些车载扬声器在低音量时表现稳定，但在音量提升到某个指数时便会失真，出现各种非录音中的音乐信号。合乎标准的扬声器在一定程度上做到声音离箱，营造出清晰的音场和结像，显示出不同乐器的分点位置和质感，弱音和尾音应该清楚听见，而在大音量和大爆棚的情况下没有变形失真，人声和乐器声不会混淆不清，在长久聆听下不会令人耳朵产生疲劳等。

任务拓展

前声场对声音的影响

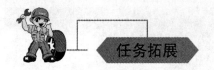

要想在视听环境中达到如临现场的聆听效果，前声场的组成起着至关重要的作用。在汽车音响中，前声场的扬声路还原绝大部分音乐信息，只有少数超低频部分的声音由装在行李箱的低音系统完成。这里所说的前声场，是指将分体式扬声器系统安装在前门板、脚踏板、A 柱以及仪表台上等不同位置对声音的影响。

1. 高低音单元的安装位置

两分频扬声器在汽车前声场应用最为广泛，在改装中基本上存在着以下 5 种安装的基本方式：

（1）高音和低音安装在脚踏板处。这种方式可以获得最佳的音场以及最佳的结像力。汽车的环境制约，使前排的聆听者与左右声道的距离严重不对称，如坐在驾驶位的聆听者距离左声道的扬声器更近，反之亦然。而将高音与低音全部安装在脚踏板处，可以使扬声器到人耳的距离之差相对于传播距离来说差距最小。所以只要调试得当，就可以轻松地获得最佳的音场，如音场的宽度与深度都会让人觉得音场超出了车体。

当然，这种方式如果调校不当，会使音场偏低，让人感觉声音是从脚底传出。但是只要选择好正确的角度以及安装方式，完全可以避免这样的现象。

（2）高音装在脚踏板，低音装在门板下方。这样的安装方式基本上和第一种安装方式相同，只是这种安装方式使脚踏板处改装更不易显现，可以说是针对第一种改装方式的折中。它的优势与第一种方式相同，而且由于对原车改动较小，车主容易接受。这种改装方式的调校也会出现音场宽度深度非常容易得到，但是音场的高度容易出现问题。

（3）高音装在门板上方，低音装在门板下方。在原车的汽车音响中，这样的安装方式非常普遍。由于对汽车的内饰改动较少，这对于许多车主来说很容易接受，这样的安装方式对于音场来说，会有较好的宽度和适当的高度，但是音场深度会偏浅，音场的整个位置会太靠近聆听者。另外由于高音的调校角度难以调整，使音场压缩现象明显，音场的左右部分的宽度不平衡。

（4）高音装在仪表台上，低音装在门板下方。高音装在仪表台上，在原装车中现在这种方式较少见。一般的汽车音响改装是在原来的仪表台的适当位置挖孔再将高音固定，或者在仪表台与 A 柱的接合部安装一个高音的模具。这样的安装方式，可以得到较好的音场高度、深度以及音场的位置。但是这种安装方式对于扬声器的要求较高，因为高音与中低音的距离较远，会导致分频点附近声音紊乱，出现严重的峰谷从而影响音质。而且由于高音的传播方向与中低音的传播方向有较大的偏差，所以对音质的影响非常大，这要求扬声器的系统设计者在设计的过程中充分考虑到以上因素。在主动式电子分频时，应尽量将分频点向下限靠齐，从而使高音的下限与中低音的上限能完全融合。

（5）高音装在A柱上，低音装在门板下方。这种改装方式在国内的汽车音响改装中最为常见。一般高音的安装位置与聆听者的双耳平齐，而高音的指向根据系统的配置以及高音的特性有多种做法。

这种安装方式对音质的影响以及扬声器系统的设计与第四种安装方式相类似。

在汽车音响中，三分频的扬声器系统，可以非常好地解决高音与中低音距离较远的问题。

2. 高音的安装角度

高音还原的频带是中高频、高频，其中中高频是人耳最敏感的频带之一。这个频段由于振动幅度小，在降低失真方面最主要依靠高音的支撑架的品质。在较高级汽车音响中，高音全部采用精加工的铝架作为支撑件，这样可以使高音失真低，有更高的清晰度。

在汽车音响的改装过程中，由于汽车音响的环境使高音与聆听者的距离很近，所以高音的安装角度非常重要。A 柱不同的高音安装角度对声音的影响以及调音的方法如下：

（1）高音轴向相对。高音轴向相对，是许多的品牌商应用的安装方案之一。这种改装方式最大的优势在于会明显改善左右声道的平衡，使坐在驾驶位或副驾驶位的人员都能听到精准的前声场，而且也没有严重的声场压缩现象。这种安装方式如果安装妥当，也不需要使用 EQ 等延时器。这种安装方式的缺点是，有可能会使声场的宽度不如其他的安装方式宽。

（2）高音轴向对准B柱。高音轴向对准B柱的安装方式，是指高音轴向指向对面的B柱位置。这种改装方式的优势在于，高音的表现非常细腻，中高频清晰真实自然，音场的宽度也可以达到最大。它的劣势在于会出现声场压缩现象，同时会出现左右声道不平衡的现象。增加 EQ、造当延时，就可以完善地解决问题。

（3）高音轴向正向朝里。高音轴向正向朝里。这种安装方式在市面上比较少见，因为这种安装方式一般在A柱离前排座位较远的车型中才会使用。这种安装方式的优势在于，前声场的深度与宽度都还原得非常准确无误，但如果没有使用 EQ 或延时处理，就会出现声道不平衡、声场压缩等现象。增加 EQ 或延时可以解决这个问题。但是这种方式应在特定的车型，如毕加索、丰田大霸王等车型中应用。

项目七

汽车玻璃美容与装饰

任务一　汽车玻璃损伤修复

任务描述

汽车玻璃犹如一辆汽车的窗口，而且在汽车的整体安全上也扮演了一个重要的角色。随着汽车玻璃技术的不断发展，汽车玻璃的科技含量也越来越高，功能也在不断完善。与其他大的汽车养护项目相比，汽车玻璃的保养的确是一个“小细节”，广大车主往往对“眼前”的风窗玻璃视而不见或重视不够。然而，汽车玻璃却是关系到行车安全的重要因素，是驾驶员最容易感受到的。因此，汽车玻璃的正确和及时的保养是必不可少的。

任务目标

（1）熟悉汽车玻璃的种类和使用标准。
（2）掌握汽车玻璃的保养方法。

任务学习

一、汽年玻璃的使用标准

加工完毕的成品汽车玻璃，从外观上看应没有明显的气泡和划痕。为了保证汽车玻璃质量，行业将汽车玻璃按照加工工艺分成夹层玻璃、区域钢化玻璃、钢化玻璃、中空安全玻璃和塑玻复合材料五类。其中夹层玻璃安全性能最高。

1. 前后风窗玻璃的使用标准

（1）国家标准规定，夹层玻璃和塑玻复合材料适用于所有机动车；区域钢化玻璃适用于不以载人为目的的载货汽车，不适用于以载人为目的的轿车及客车等；钢化玻璃适用于设计时速低于 40 km/h 的机动车。

（2）前风窗玻璃透光率不得低于 70%。

（3）轿车的曲面风窗玻璃要做到弯曲拐角处的平整度高，不能出现光学上的畸变，从驾驶座上的任何角度观看外面的物体均不变形、不眩目。

现代轿车前后风窗玻璃一般都做成整体一幅式的大曲面形，上下左右都有一定的弧度。这种曲面玻璃无论从加工过程还是从装嵌的配合来看，都是一种技术要求十分高的产品，因为它涉及车型、强度、隔热、装配等诸多问题。轿车挡风玻璃采用曲面玻璃，首先是从空气动力学的角度出发。因为现代轿车的最大时速大都超过 100 km，迎面气流流过曲面玻璃能减少涡流和紊流，从而减少空气阻力。加上窗框边缘与车身表面平滑过渡，玻璃与车身浑然一体，既从视觉上感到整体的协调和美观，又可以降低整车的风阻系数。另外，曲面玻璃具有较高的强度，可以采用较薄的玻璃，对轿车轻量化有一定的意义。

2. 其他位置玻璃的使用标准

夹层玻璃、区域钢化玻璃、钢化玻璃、中空安全玻璃和塑玻复合材料玻璃，可以应用在机动车的除前风窗玻璃以外的其他位置上。

二、汽车玻璃的种类

（一）按安装方式分类

按玻璃的安装方式分类，汽车玻璃可以分为固定式玻璃和移动式玻璃。

1. 固定式玻璃

固定式玻璃分为橡胶密封条固定和粘接剂固定两种，轿车的前后风窗玻璃为典型的固定式车窗玻璃，对于粘接式固定的玻璃，其外围边缘表面会用专用涂料（用氧化物着色剂如氧化铬、氧化钴和氧化镍使涂料呈黑色）涂装形成不透明框，即所谓“黑边框”。“黑边框”能保证玻璃的粘接强度，还能保护粘接剂避免在阳光下曝晒可能引起的老化。

2. 移动式玻璃

移动式车窗玻璃有上下移动式、前后平推式、旋转式等多种类型。多为侧窗玻璃，便于通风换气。

（二）按玻璃的类型分类

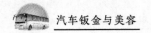

随着汽车玻璃技术的发展，满足不同功能的新型汽车玻璃陆续出现，下面介绍几种汽车上使用的特殊类型玻璃。

1. 中空玻璃

中空玻璃是由两片或多片浮法玻璃组合而成，玻璃片之间夹有充填了干燥剂的铝合金隔框，用丁基胶粘接密封后，再用聚硫胶或结构胶密封。高档豪华大客车前风窗玻璃多为中空玻璃。

2. 包边玻璃

包边玻璃是汽车安全玻璃的总成化产品。玻璃包边设计不仅体现了汽车厂家对审美的要求，同时也使玻璃与车体更紧密地结合在一起，具有提高汽车生产线装配效率、缩短装配周期和增强玻璃强度、提高密封性、降低噪声等优点。

3. 防弹玻璃

防弹玻璃是由三层以上的玻璃与 PVB 胶片组合而成的夹层玻璃，可以有效地抵御子弹的穿透及卸防由子弹击碎的玻璃碎片造成的伤害。玻璃的防弹性能很大程度上取决于它的总厚度和子弹能量。

4. 憎水玻璃

憎水玻璃常被应用在汽车挡风玻璃中。在下雨时，雨水会迅速从上方滑出挡风玻璃的遮挡范围，采用憎水玻璃可以保障驾驶者的视野，减少发生事故的可能性。憎水特性在普通的驾驶条件下可以持续 6 个月以上。憎水玻璃不是用来取代刮水器的，而是用来和刮水器共同配合以保障最优的驾驶视野的。

5. 天线玻璃

在玻璃夹层中夹有很细的铜丝，用以代替拉杆天线的玻璃。与普通鞭式天线相比，由于天线隐藏在玻璃内，可以避免天线杆拉进拉出的麻烦，又不致发生腐蚀。因此也叫隐藏式天线。

6. 隔音玻璃

汽车在行驶过程中，乘客在车内会听到来自很多方面的噪声：发动机，车轮与地面的摩擦，汽车本身振动以及风噪等。普通的汽车玻璃能阻隔部分噪声，但是无法满足目前乘客对隔音舒适性的要求。隔音玻璃却能达到降低噪声、保障乘车舒适性的要求。

7. 隔热玻璃

目前汽车玻璃面积越来越大，因此透过汽车玻璃传递到车内的热量也相应增加。市面上有种反红外线辐射银膜玻璃，在多片夹层玻璃中加入镀银薄膜，只让阳光中的可见光进入车厢内，挡住紫外线和红外线。其红外线反射率为 48%。当阳光通过这种看似普通的玻璃时，光和热会减少 23%。这种玻璃能起隔热节能的作用，可减少空调能量损失。所以隔热玻璃又被称为“绿色玻璃”。

8. 加热玻璃

在北方寒冷地区的汽车挡风玻璃容易雾化结冰，一种可加温的汽车玻璃可解决这一问题。这种夹层玻璃是在两层玻璃与 PVB 薄膜结合时，中间夹入极细的钨丝，通过电阻器与电路连接，通电后钨丝发热，可将玻璃表面的水分蒸发，起到防霜、防雾化、防结冰的作用。车窗加热丝具有一定的加热范围，热功率可达到 3 ~ 5 W/cm^2。加热玻璃有夹丝加热和印刷材料加热两种方式。

二、汽车玻璃的清洁装置

（一）前风窗玻璃的清洁装置

前风窗玻璃的清洁装置主要由喷水装置和刮水装置组成，还要包括仪表板上对着玻璃的空调吹风口，主要用于给风窗除雾。

1. 喷水装置

喷水装置由玻璃清洗液储液壶、水泵、喷水嘴、输水管和控制开关组成，如图 7-1-1 所示。

图 7-1-1　汽车玻璃喷水装置

（1）储液壶一般是 1.5 ~ 2 L 的塑料罐。

（2）水泵是一种微型电动离心泵，它将储液壶的玻璃清洗液通过输水管输向喷水嘴。

（3）一般前风窗玻璃喷水嘴有 2 ~ 4 个，清洗液经喷水嘴的挤压作用分成细小的射流喷向玻璃，配合刮水器起清洁玻璃的作用。

2. 刮水装置

（1）刮水装置由电动机（减速器、连杆机构与电动机制成一体）、刮水器和控制开关组成。

电动机是整个刮水装置的核心部件，质量要求也是相当高的。它采用直流永磁电动机，一般与蜗轮蜗杆机械部分做成一体。蜗轮蜗杆机构的作用是减速增扭，其输出轴带动连杆机构，通过连杆机构把连续的旋转运动改变为左右摆动的往复运动。

（2）刮水器的刮片胶条是直接清除玻璃上雨水和污垢的工具，刮片胶条通过弹簧条压向玻璃表面，它的唇口必须与玻璃角度配合一致，方能达到所要求的性能。

（3）刮水器开关多数在方向盘下部，刮水器普遍采用快挡、慢挡和间歇控制挡。其中间歇控制挡一般是利用电机的回位开关触点与电阻电容的充放电功能使雨刮器按照一定周期刮扫，即每动作一次停止 2～12 s 的时间，对司机的干扰更少。有些车辆的刮水装置还装有电子调速器，该调速器附带感应功能，能根据雨量的大小自动调节刮水器摆臂的摆动速度，雨大时刮水臂转得快，雨小时刮水臂转得慢，雨停刮水臂也停。但是司机关闭刮水器时，往往不停在适当的位置，阻碍司机的视线。为解决这一问题，刮水器设有回位开关用于控制电机，当刮水臂停在风窗玻璃下的适当位置时，电机才会停止运转。

仪表板上对着玻璃的空调出风口用于给风窗玻璃除霜雾。在夏季的雨天或汽车内外温差较大时，尤其是北方地区到了秋季以后，汽车玻璃的内表面很容易产生雾气，阻碍驾驶员视线，严重影响行车安全。驾驶室内温度高的情况下，可以用冷风除雾；驾驶室内温度低的情况下，可以打开暖风除雾气。

（二）后风窗玻璃的清洁装置

1. 加热除霜

后风窗加热除霜装置由加热线和控制开关组成。加热线是镍铬合金材料制成的除雾线，当打开加热开关时，如图 7-1-2 所示，玻璃会慢慢加热，使水珠蒸发，不影响后视视线。

图 7-1-2　后风窗加热按钮

2. 后风窗刮水器

许多两厢乘用车还安装有后风窗玻璃雨刮器和喷水器，如图 7-1-3 所示，保证驾驶人员雨天能看清车后的景象。

图 7-1-3　后风窗刮水器

（三）前照灯清洁装置

在一些高级轿车上，在前照灯处还有一套大灯清洗装置，用以清除前照灯玻璃上的尘埃等污物，保证前照灯明亮，如图 7-1-4 所示。前照灯洗涤用的清洗液由风窗玻璃储液罐提供，其喷水嘴的位置要设置合理，才能使车辆在任何速度下都能将洗涤液喷到灯面上。一般的前照灯喷水嘴都是隐藏在保险杠蒙皮内的，只有需要时才伸出。

图 7-1-4　前照灯清洁装置

四、汽车玻璃损伤

在高速行车时，很多人都有过挡风玻璃被石子或其他硬物弹裂的经历。遇到这种情况，如果为了一个小裂痕就换掉整块玻璃，实在是不值，如果置之不理，风压又会让裂纹越扩越大，不仅影响美观，而且会对安全造成威胁。这时，做汽车玻璃修补是较理想的解决办法，它针对玻璃裂缝或小伤口进行处理。操作时间短，不会影响日常用车。

（一）汽车玻璃损伤的种类

玻璃的特性是硬度高、透明度高。但是玻璃材质也非常脆，“宁碎不弯”，当受到外力撞击时容易受损伤，受损后维修难度大。玻璃损伤的类型有划痕损伤和裂纹损伤两大类。

1. 划痕损伤

汽车玻璃的划痕损伤是由于受到硬物摩擦，在表面产生很浅的印痕。多见于前挡风玻璃上，更多的是由刮水器造成的，比如在未喷玻璃清洗液的情况下刮水器刮脏污的风窗玻璃，很容易产生划痕。玻璃划痕不但影响美观，更主要的是影响驾驶员视线，给行车安全带来隐患。

2. 裂纹损伤

汽车玻璃的裂纹损伤是由于玻璃受到外力作用，从外表到内部产生分裂，严重的从外表面到内表面完全裂开。并且，裂纹会随着继续受力而逐渐扩大增长，甚至造成整块玻璃完全断开。玻璃裂纹损伤也会严重影响美观，并且给行车安全带来更多隐患。

一般汽车玻璃的裂缝会出现三种形状，分别是线形裂纹、圆形裂纹和星形裂纹。更多的时候是多种损伤同时出现的复合形式，维修难度加大，维修后的效果也难以让人满意。

（1）线形裂纹损伤多见于粘接安装的汽车前挡风玻璃。在使用中玻璃受到剧烈震动后局部受力不均、玻璃表面温度变化过大、重新安装的玻璃位置不佳等，这些原因都会产生线形裂纹。线形裂纹出现后，若不及时处理会不断变大，最后造成整块玻璃报废。

（2）圆形裂纹损伤是由于玻璃表面受到外物撞击，造成表面缺损，形成边缘比较规则的圆形回陷。

（3）星形裂纹损伤是玻璃受到外物撞击后，形成以撞击点为中心向四周发散的裂纹，所以称为星形裂纹。

（二）汽车玻璃损伤修复

1. 划痕损伤的修复

玻璃划痕损伤修复方法与车身涂膜划痕抛光美容方法相似，但是需要使用玻璃划痕修复专用研磨剂和抛光剂进行抛光修复。

2. 裂纹损伤的修复

玻璃裂纹损伤的修复主要是在裂缝中填补玻璃修补剂，消除缝隙。填补缝隙所用的材料是一种透明度很高的液态胶质，靠紫外线加热可迅速凝固，强度可达到原玻璃的 90%以上，并且保证玻璃的透光性良好。

通常一个圆形裂纹，在修补完成以后只会剩下一个小小的圆形痕迹，星形裂纹修补完会留下蛛丝状的裂纹，线形裂纹只会留下一条隐隐约约的线，而且只有在某个反光的角度，才看得到修补的痕迹，平时看到的仍然是一块“天衣无缝”的好玻璃。

玻璃不是任何破损都可以修补的，一旦玻璃已经断裂分离，或是破成碎片，都是不可修复的，如图 7-1-5 所示。而且若是裂痕太大，修补费用也许会与换块新玻璃不相上下，何况还会留下疤痕。因此，汽车玻璃的修补，只有在破损不大的情况下采用，方可省时省钱。

图 7-1-5　严重损伤的玻璃

任务准备

（1）场地：理实一体化教室。

（2）器材：实训整车 2 台，工具 2 套。

任务训练

一、汽车玻璃的保养

（一）准备玻璃清洁剂

（1）专业的玻璃清洗剂可以使用在玻璃表面以及镀铬件的表面，迅速清洁其上面的污渍。

（2）如果没有专用的玻璃清洗剂，也可以自己动手配制，只需要将清水与家用洗洁精或婴儿沐浴露按 100∶1 的比例混合。自制的玻璃清洗液不但能清洁玻璃，还能起到一定的防雾效果。缺点是保养功能持续时间较短，一般几天就需要再清洗一次。

（二）玻璃清洁保养

1. 车窗玻璃的清洁保养

（1）首先将车窗玻璃清洗干净，并刮去水分，将玻璃擦干。玻璃内部也要清洁干净。

（2）然后在车窗玻璃内部均匀地喷涂玻璃保养剂，并用毛巾擦拭均匀，使玻璃清澈透明。

2. 风窗玻璃的清洁保养

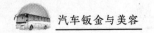

（1）首先将前风窗玻璃刮水器升起，彻底清洁玻璃。

（2）如果还有不能清洗掉的顽固污渍，可以使用火山泥或者专用的清洗剂进行清理，如图 7-1-6 所示。

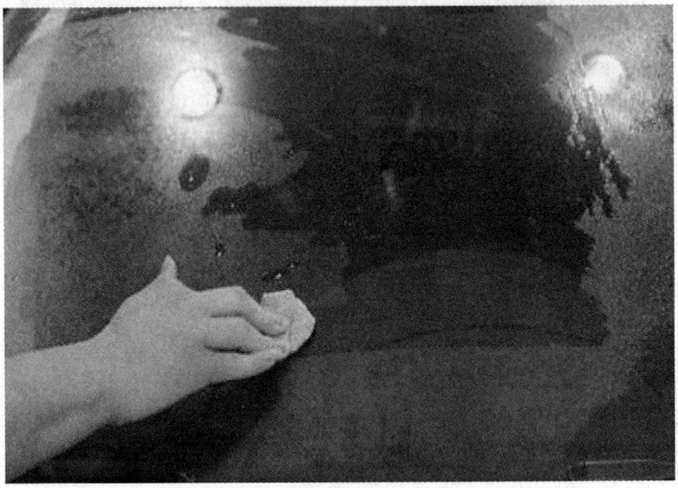

图 7-1-6　清理前风窗玻璃

注意：一定不要使用尖利的工具或材料清洁，以防造成玻璃划痕。

（三）玻璃防雾

（1）玻璃防雾剂。能防止和减少玻璃的内表面上形成的雾气，还能防止玻璃上污垢的形成，保持玻璃清洁明亮。

（2）防雾保养。进行玻璃防雾处理时，先将玻璃清洁并擦干。摇匀除雾剂，然后均匀地喷涂到玻璃内表面上。用柔软的毛巾擦干即可。

二、汽车玻璃清洁装置的维护

（一）喷水器检查

1. 喷水位置检查

检查喷水位置是否符合要求，如果喷水位置有偏差，在刮水的时候会有影响。喷嘴可以用针头调整其喷水位置，调整针的直径不得大于 1 mm，否则容易损坏喷嘴。

2. 喷水形状检查

每个喷水器有两个喷水嘴的，要喷出两道水流，水流要直线喷出且均匀，稍呈雾状。如图 7-1-7 所示。喷水效果不好，有时是因为喷嘴被灰尘堵塞造成的，冬天可能喷嘴内结冰而无法进行调整，必须先使喷嘴中的冰融化而后再调整。

图 7-1-7　喷水形状检查

（二）刮水器维护

1. 刮水器检查

检查时先喷出一些清洗液，然后开动雨刮，留意它的动作是否流畅，留心听是否有较大的刮动声，如果有，就表示雨刮过分压向玻璃，必须进行适当的调校。刮水器常见问题：

（1）刮水状态不好。如刮水后产生带状条痕、雾状条痕、细水现象等。

（2）异响。“咔嗒”声或刺耳的噪声，由于胶条磨损老化、臂杆及支架损坏所致。在无润滑的情况下，雨刮器刮扫干净玻璃时也会有摩擦声。

（3）雨刮扬升现象。尤其出现在长尺寸的雨刮。当汽车高速行驶时，因雨刮受风力而上扬，导致部分玻璃未被刮扫到。

（4）雨刮器胶条老化或损坏。发现此种问题要及时更换，否则会对玻璃造成损坏。

2. 刮水器胶条的更换

对于损坏的刮水器胶条要及时更换。更换的步骤如下：

（1）将刮水器升起，并将刮水器头部翻转，使刮水胶条向上。

（2）然后向下压刮水器胶条支架，支架就会与操纵臂前端的挂钩分离。

（3）取下旧的胶条，并更换新的刮水胶条。然后将更换了新胶条的支架安装到操纵臂上，并检查刮水器的工作情况，如果需要，做适当调整。

三、汽车玻璃裂纹的修补

1. 准　备

（1）将玻璃表面清洁干净，尤其是有裂纹的部位。清洁干净以后，玻璃表面要保持干燥。

（2）保护好仪表板等内饰，防止在施工时玻璃修补剂滴落到内饰表面造成损伤。

（3）准备好玻璃裂纹修补用的材料和设备，如粘接剂、紫外线灯等。

2. 施工流程

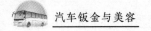

（1）将玻璃裂纹修补支架固定在需要修补的裂纹处，调整好位置和合适高度，确保安装牢固。

（2）在支架上安装加液器，保证加液器的加液口与裂纹对正。

（3）用真空注射器，将玻璃伤口内的空气抽掉。

（4）在加液口处填以玻璃修补剂（液态胶质）。经过反复几次抽压后，修补的空间至少会有 90%盛满了填补液。裂纹逐渐变小，直至消失。

（5）用紫外线灯上下左右各照射两分钟，让修补剂凝固。

注意：因为紫外线对人体有伤害，在使用时要注意做好防护，切记不可直接照射人体。

（6）修补剂凝固后，伤口的中心点还会有一个小缺口，这时再滴入浓度较高的修补剂，盖上玻璃片，同样用紫外线灯照射烘干。

（7）用刀片将表面多余的玻璃修补液刮除，涂上打光剂，用布磨光即可。

注意：用刀片刮平时，使用的刮刀刃口要光滑，不能将玻璃表面划伤。

任务拓展

如何辨别汽车的玻璃是否为原厂出厂

一、查看汽车玻璃的出厂时

首先，我们要明白一个常识，无论是什么规格的玻璃，在每一串符号下面都会有编号对应着生产年代。比如："8"，8 表示年份，说明在 2008 年生产，黑点在"8"前，表示上半年生产，黑点在"8"后，则表示为下半年生产。

其中上半年生产的玻璃计算公式为：7 减去黑点数，如出厂月份为：7－3＋4，这就表明，前风挡的玻璃出厂时间为：2008 年 4 月。下半年生产的玻璃计算公式为："13－黑点数"，比如有 3 个黑点，那么出厂月份为：13－3＝10，也就说明出厂时间为：2008 年 10 月。

二、通过细节辨别玻璃是否更换

在购买二手车时，可以逐一查看每块汽车玻璃的出厂时间，如果时间差异很大，那么就说明此块玻璃后期有过更换。

如果汽车玻璃在后期更换过，那么通过细节也是可以发现的。比如：查看汽车玻璃的拼接处的胶体痕迹，原厂汽车玻璃的胶体密封胶都会很规整，不会出现任何凹凸不平的情况，不可能完全和原厂相同，如果仔细观察，即可发现问题。

也可以通过车架号来判断问题，原厂出品的车架号标牌会刚好方方正正的嵌入露出的位置，而更换过玻璃后，车架号标牌基本不可能会刚好嵌回原来的位置，因此可以从不同角度仔细观察，只要耐心观察。

任务二　汽车玻璃贴膜

任务描述

汽车玻璃洁净明亮，透光性好，能保证驾驶员有良好的视野，保证行车安全。但是太阳光中的有害射线也会照射进来，红外线热能高，能提高驾驶室的温度，增加了空调的使用频率。紫外线具有破坏性，皮肤长期受紫外线侵害，会加速老化，严重的可引起皮肤癌和眼部疾病。同时紫外线还可能灼伤汽车内饰，使一些皮件老化。很多车辆采用窗帘来挡光和保护隐私，但是严重影响视线。因此给汽车玻璃粘贴上汽车玻璃膜就能解决问题。

任务目标

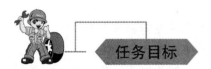

（1）了解汽车玻璃膜的种类和特性。

（2）掌握汽车前后风窗玻璃及侧窗玻璃贴膜操作方法。

（3）养成良好的安全、卫生习惯及团队协作意识。

任务学习

一、汽车玻璃透光性能

（1）可见光透过率，英文简写为“VLT”。表示透过玻璃的可见光通量与太阳光入射可见光通量之比。

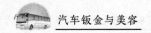

这项性能指标对汽车前风窗玻璃膜至关重要，因为它直接影响驾驶员的视野清晰度。公安部已规定前风窗玻璃透光率不得低于70%。

（2）可见光反射率，英文简写为“VLR”。表示玻璃反射的可见光通量与太阳光的入射可见光通量之比。

（3）紫外线阻隔率，英文简写为“UVR”。表示玻璃阻隔的紫外线通量与太阳光的入射紫外线通量之比。

（4）红外线阻隔率，英文简写为“IRR”。表示玻璃阻隔的红外线通量与太阳光的入射红外线通量之比，波长范围为750 ~ 2 500 nm。

（5）太阳能阻隔率，英文简写为“TSER”。表示玻璃阻隔的太阳能通量与入射的太阳能通量之比，波长范围为300 ~ 2 500 nm。

对于玻璃膜来说，它是衡量膜隔热性能的一个重要参数，在此要注意它和红外线阻隔率的区别。在整个太阳光谱中，红外线的能量只占53%。由于入射的红外线通量小于入射的太阳能通量，所以对于同一种产品，红外线阻隔率要高于太阳能阻隔率，但是高的红外线阻隔率并不定意味着高的隔热性。

二、汽车玻璃膜的种类与特性

（一）汽车玻璃膜的种类

1. 控光膜

在汽车装饰美容中心我们经常能看到太阳膜、防光膜、隔热膜等，其实这些都是控光膜的不同叫法。控光膜有如下特性：

（1）厚度一般都是20 ~ 50 μm，能起到控制光线通过玻璃的作用。

（2）合格的控光膜可以挡住90%以上的紫外线和红外线。

（3）具有单向透视功能，还能控制扰人的强光，减少眩光，使人的眼睛更舒适。

2. 安全膜

20世纪90年代中期出现了将控光膜和一层抗冲击的薄膜结合到一起的新产品，这种膜既有控光膜的隔热、防紫外线的作用，同时提高了玻璃抗破碎的能力，这就是安全膜。安全膜的厚度要在150 μm以上，能把玻璃抗冲击能力成百倍提高。我们经常听到的防爆膜实际上说的就是安全膜里最高端的产品。

2007年末中国标准化协会在《中国标准化》杂志上，正式公布了CAS140—2007《玻璃安全膜标准》。《玻璃安全膜标准》建立了“玻璃安全防护”的基本概念，针对实际生活中玻璃最常发生危害的三种情形，将玻璃安全防护分为三个等级，不同等级的安全膜分别对应不同危害情形。三个级别和对应实际情形分别是：

（1）A级安全膜，防意外事故级。抗冲击指标50 J。检测指标为1.0 kg实心钢球，5 m自由落体，不得贯穿3 mm钢化玻璃。或者260 g实心钢球，5 m自由落体，80%

的几率下不得砸裂 3.0 ~ 4.0 mm 钢化玻璃。在老式建筑物最常见的 3 mm 普通玻璃安装后，能够达到防范意外事故的功效，包括人奔跑时撞到大面积玻璃上不会因玻璃破碎而划伤，车辆在碰撞、剐擦甚至倾覆时，玻璃安全膜强力支撑车窗玻璃，保持车窗刚度，减缓因车窗变形挤伤乘员的几率。该级别的安全膜能使 3 mm 厚度普通玻璃达到和超过 12 mm 夹层玻璃的安全指标。

（2）B 级安全膜，防盗级。抗冲击指标 200 ~ 300 J。检测指标为 2.3 kg 实心钢球，12 m 自由落体，不得贯穿 5 mm 普通玻璃。或者 260 g 实心钢球，12 m 自由落体，60% 的几率下不得砸裂玻璃。

在新住宅、商业建筑物和部分车辆最常见的 5 mm 厚度普通玻璃上安装后，能够达到防盗玻璃的功效，在多次强力砸击下保持玻璃完整和刚性。这个标准是参照国际上的防盗标准，它的依据是一个健壮的人双手拿着一个重器反复砸玻璃 5 次，看玻璃能否被砸坏。玻璃贴膜后要求砖石、金属器械抛掷物不能贯穿玻璃，保证室内人员在非法骚扰和攻击时安然无恙。该级别的安全膜能使 5 mm 厚度普通玻璃达到和超过 18 mm 夹层玻璃的安全指标。

（3）C 级安全膜，防弹级。抗冲击指标 500 J。能有效抵御“六四”式手枪，3 m 距离对 6 mm 厚度普通玻璃的射击。

在越野车和特殊建筑物较常见的 6 mm 厚度普通玻璃上安装后，能够达到防“六四”式手枪近距离（3 ~ 10 m）射击的防护效果。该级别的安全膜能使 6 mm 厚度普通玻璃达到 22 mm 厚度防弹玻璃的安全指标。

（二）汽车玻璃膜的制造工艺

玻璃膜的基础是聚酯薄膜，它是以纤维级的聚酯切片为主要原料，采用先进的配方，经过干燥、熔融、挤出、铸片和拉伸而成的高档薄膜。利用深层染色技术，将染料注人聚酯薄膜基片中，或者利用真空镀铝、磁控溅射技术在基材上实现多层不同的金属沉积于同一层面上，层层叠加，能形成均匀的颜色和光线的高水平选择性透过特性。聚酯薄膜被染成各种颜色，可以减少炫目强光和阻止褪色。

透明或染色的聚酯薄膜被注入紫外线吸收剂，增加膜阻隔紫外线的特性。将防划伤涂层、安装胶粘层和保护膜也加入膜的结构中。最后经过裁割、分卷、包装制成成品窗膜。

（三）汽车玻璃膜的结构

1. 低成本窗膜的结构

对于低成本染色膜和低成本金属膜等质量低劣的窗膜来说，膜和安装胶里基本没有紫外线吸收剂等用来防护紫外线的技术，并且褪色很快，抗刮伤性能也不好。低成本窗膜的结构如图 7-2-1 所示。

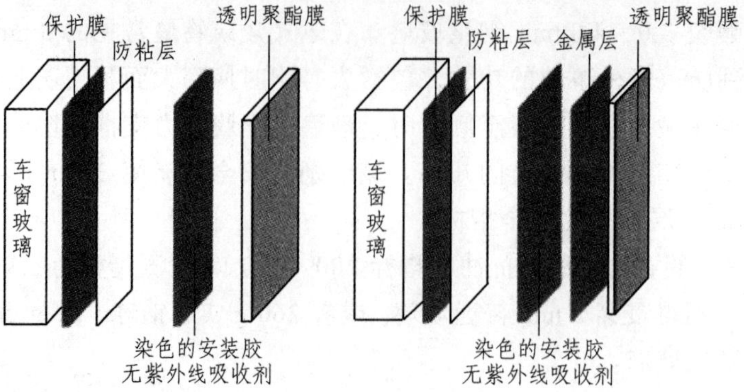

图 7-2-1　低成本染色膜和金属膜结构

2. 高质量窗膜的结构

对于高质量的窗膜来说，在膜和安装胶上都采用紫外线吸收防护技术，严格控制紫外线的通过率，并且防剐伤性能良好，经久耐用，正常使用可以保证 5 到 8 年不出现质量问题。高质量窗膜的基本结构如图 7-2-2 所示。

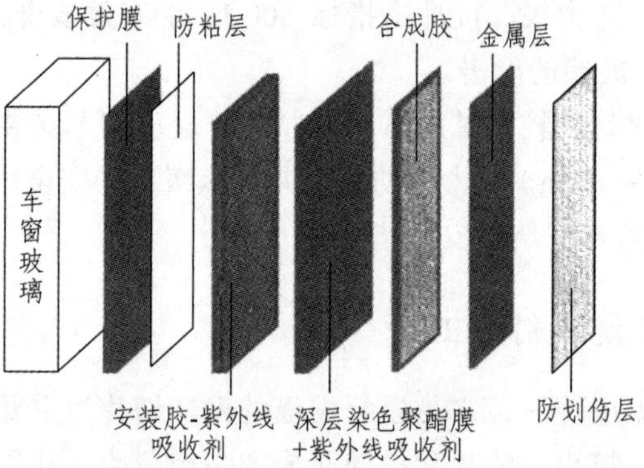

图 7-2-2　高质量窗膜结构

（四）汽车玻璃膜的特性

1. 阻隔特性

热传导有辐射、传导、对流三种形式。汽车玻璃膜主要是针对辐射和对流的形式来隔热，阻隔的主要是太阳的辐射热。还能够阻隔紫外线防止内饰老化损伤。

2. 防眩目

汽车玻璃膜能控制透过光线的强度，防止扰人的强光照射眼睛。尤其是在正对太阳行驶的时候，汽车玻璃膜防眩目的作用更加明显。

3. 单项透视性

有些汽车玻璃膜在制造的时候采用特殊的工艺，使膜具有单向透视的功能。这种汽车玻璃膜粘贴到车窗上后，在车外看不到车内的事物，但是在车内能够清楚地看到车外的事物。需要注意的是，玻璃膜的单向透视性有随光改向性，就是单向透视总会透向光线强的一面。也就是说，只有车内的光线比车外弱的时候，车外才不能看清车内；相反，如果车内的光线比车外强，则在车内会看不清车外情况。所以在晚间开车的时候一定不要打开车内的灯光，这样会对行车安全造成严重影响。

4. 安全性

汽车玻璃膜的高端产品就是汽车安全膜，它有很好的安全防护性能。

5. 收缩特性

汽车玻璃膜的基片是由通过拉伸成形的长链高分子聚合物复合而成，在成形过程中，长链高分子会沿拉伸方向定向排列，一旦再次受热，长链高分子就会收缩恢复到未拉伸的状态，这就是汽车玻璃膜加热成型的原理。

（1）收缩方向。汽车玻璃膜的纵向也叫机器边方向，即膜的卷起方向，是主要的拉伸方向。一般来说，膜的收缩只能沿着这个方向。任何与机器边方向垂直的皱褶都可以很好地收缩。因此，一定要区分汽车玻璃膜的机器边方向和幅宽方向，正确地铺放和裁切汽车玻璃膜，为进一步加热成型作好准备。正确的排布方向，才能使窗膜热成型。

（2）幅宽方向。顾名思义，就是与机器边方向垂直的横向，该方向窗膜基本不能拉伸。而沿机器边方向排列的皱褶一旦受热，只会进一步拉伸变形，变得更难解决。错误的窗膜排布方向，窗膜不会收缩。

三、汽车玻璃膜质量的鉴别

（一）劣质玻璃膜产品的危害

劣质玻璃膜往往不经过环保检测，缺乏安全性。在玻璃膜产品的生产过程中，要用到甲醛和苯等基本溶剂。正牌产品，虽然在制造过程中使用了这些溶剂，但是收尾的时候，会把它们重新提取出来。劣质产品没有这个生产工艺，成品膜上会有大量溶剂残留。将这种窗膜贴到汽车玻璃上会直接对人体造成伤害。

再有，阳光中真正有危害性的光线是紫外线，而不是红外线。红外线热能高，但是顶多让车内热一些。紫外线就不同了，它是有害射线。照射的时间长了，被照射的部位会感觉到疼痛，甚至脱皮生斑。劣质窗膜产品往往打这个“擦边球”，它只是把红外线挡住，而不阻隔紫外线。这种窗膜贴到玻璃上以后，隔热效果很好，但是时间一长，手上、胳膊上、脸上的皮肤仍然会变黑，甚至会感觉到疼痛，以致脱皮。这些都是劣质窗膜没有紫外线阻隔功能造成的。

劣质的玻璃膜根本不具备安全性，贴上它以后甚至会增加玻璃破碎时的伤害。

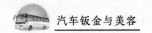

（二）正确鉴别玻璃膜质量优劣的方法

1. 观察法

玻璃膜和其他产品一样，正品往往很细腻、光滑、质地均匀，用手触摸质感很强。劣质产品则暗淡、粗糙、没有光泽。正品透光率极高，甚至可以达到95%。

2. 灯光检查法

检查时将膜粘贴到玻璃上，用高功率的浴霸灯照射检验不同档次玻璃膜的透光性、隔热性和单向透视性。窗膜隔热性的好坏一目了然。

3. 查证书法

注意要求经销商提供原件而不是复印件。经销商要有经过公证的授权证书和对公证书的法律认证。由于安全膜都是进口的，经销商还要有外交认证、进口报关证和完税证明。正规的产品都有官方检测报告，检测的内容一方面是产品的控光性能，另一方面是产品的抗冲击性能。

4. 检查安装胶层

取一块5寸相片大小的样品，把衬膜撕开，手指粘上去以后甩不下来，说明膜的粘胶性能好。优质的玻璃膜把手揭下来的时候，感到很黏并且手上没有异味。而劣质的玻璃膜，撕开保护膜以后会有刺鼻的味道。如果是安全膜，要包含一层玻璃膜和一层基础膜，这两层之间也要有黏合剂。如果没有，就不是安全膜；如果是整体的，那就更不是安全膜了。因为安全膜是靠黏合剂一层一层把薄膜粘到一起，受冲击时靠叠层的滑动，使冲击力一层一层被分解掉。

5. 检查是否掉色

玻璃膜通常采用本体渗染和溅射金属着色的方法令膜有颜色。本体渗染使膜有颜色的称为自然色膜，溅射金属使膜具有金属色的称为金属膜，采用这两种方法着色的膜是不易褪色的，尤其是金属膜。但市场上很多低档劣质膜，大多采用粘胶着色的方法来着色，即在粘胶中加入颜料，然后涂在无色透明膜上使膜有颜色，称为染色膜。这种膜靠颜色的深浅来隔热，隔热效果差，不耐晒，很容易褪色，褪色后便无隔热功能。这种染色膜，只需在膜的粘贴面上喷些化油器清洗剂就可令其掉色。现在市场上又出现一种夹层染色膜，用化油器清洗剂喷不能让它马上掉色，但使用一年半载以后就会褪色。这种膜现在市场上很多，很难及时辨认出来。

6. 封样鉴定法

给客户从实际安装的玻璃膜上裁一块6寸照片大小的样品，然后贴在和车窗厚度相仿的普通或者钢化玻璃上，镶在镜框中给客户留存。客户可以拿着这块贴膜玻璃去用射灯照射感觉隔热率，也可以根据质保书设计的检测方法，如防暴级产品可以用1 kg重的钢球从5 m高度自由落体砸击这个悬空放置的镜框，防弹级则可以用2 kg钢球、

15 m 高度自由落体检测。如果砸穿则说明是假货或者产品不合格。

（三）汽车前风窗玻璃膜的特殊要求

我国于 2012 年 9 月 1 日起实施的《机动车运行安全技术条件》规定：汽车前风窗玻璃的可见光透射率不允许小于 70%，所有车窗玻璃不允许张贴镜面反光遮阳膜。无论是满足隔热防紫外线等控光要求，还是防范意外事故，抵御非法侵犯，要采取的措施必须保证前风窗玻璃具有足够的透光性。所贴膜应以视线清晰、不增加前挡玻璃的反光和不影响驾车安全为首要前提。

现在大部分玻璃膜产品的透光率达到 70%以上，符合国家标准。但是汽车玻璃本身透光率只有 75%，国内的水平是 75%～80%，再把玻璃膜贴上去，玻璃的整体透光率就可能低于 70%。在天气暗的时候，就容易导致看不清前面的目标，所以汽车前风窗玻璃要贴膜，必须贴透光率达到 90%以上的膜，才能保证总透光率超过 70%，才能达到安全的标准。

汽车前风窗玻璃膜在达到国家规定透光性的前提下，还要保证良好的控光性和安全性，所以前挡膜绝对不能用其他膜代替。

四、汽车玻璃贴膜设备及工艺

（一）贴膜工具

贴膜施工时要用到很多工具，其中大部分是贴膜专用工具。在品牌膜的施工店里都会有各种各样的工具包，有的做成围裙式，有的用一个精致的手提箱。工具包里的贴膜工具达 30 多件，能针对贴膜施工时遇到的各种问题发挥作用，并且专用工具都是专门针对膜和玻璃的防损保护而专门设计的。按这些工具的用途不同分为保护工具、清洗工具、裁膜工具、热成型工具和排水工具。

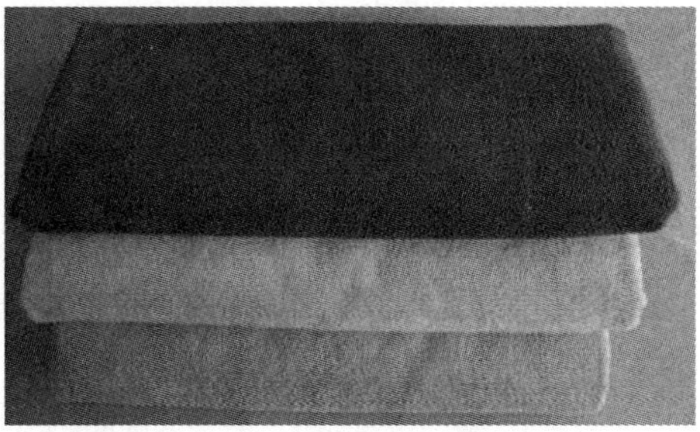

图 7-2-3 保护毛巾

1. 保护工具

（1）保护膜。防止内饰部件和车身被清洗液和安装液淋湿，或液体残留而产生难以去除的污渍。

（2）毛巾。如图 7-2-3 所示，用来保护仪表台、座椅等内饰。垫放工具，防止工具划伤，吸收流淌下来的清洗液和安装液。

2. 清洗工具

（1）喷壶。盛放玻璃清洗液和安装液，使用时能产生一定的压力，将液体喷出，还可以调节喷雾形状。

（2）铲刀。清除玻璃上的顽固污渍和残留的粘贴物。

3. 裁膜工具

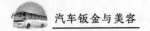

（1）裁切剪刀。用来裁剪窗膜，修饰形状，与保护膜分离。窗膜的裁切是在车窗玻璃上直接进行的，为了精确地裁出窗膜，同时又不划伤玻璃，必须掌握正确的持刀方法。

（2）测量尺。用来测量车窗和窗膜的尺寸，便于粗裁。

（3）裁膜工作台。用来摆放窗膜和窗膜粗裁时的操作台，要求平滑还不能过硬。

4. 热成型工具

（1）热风枪。如图 7-2-4 所示，加热窗膜，使其收缩变形，达到与玻璃一致的形状。还可以将玻璃上有用的粘贴物加热，便于取下。

（2）大号塑料刮水板。如图 7-2-5 所示，刮平窗膜，窗膜加热收缩后辅助成型，窗膜排水，清洁玻璃。

图 7-2-4　热风枪

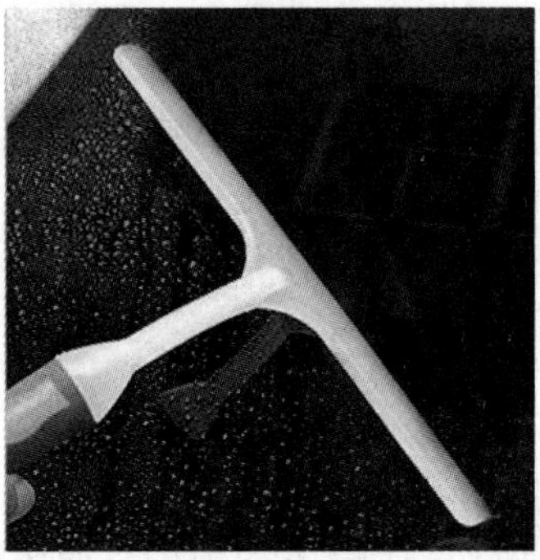

图 7-2-5　刮水板

5. 排水工具

（1）橡胶刮水铲。如图 7-2-6 所示，用于刮平窗膜，可以在成型时使用，也可以在贴膜时排水使用。

（2）橡胶刮板。用来彻底排水。

（3）小号塑料刮板。贴膜时辅助玻璃膜插入密封条内，彻底排水，精细修饰。

图 7-2-6　橡胶刮水铲

（二）清洗液和安装液

清洗液和安装液用于玻璃的清洗和安装，专用的清洗液和安装液能保证窗膜的安装质量。

1. 清洗液

现在市场上有很多贴膜中心使用其他清洗用品替代窗膜清洗液，施工质量无法保证，选择时要慎重。

其中，清洗液对于分解去除玻璃表面及成孔中的油渍污渍具有独特功效，能够使玻璃的油迹、蜡或其他比较难清洗的污渍达到最佳清洁程度。清洁的玻璃表面能够极大地增强了安装液的润滑效果。清洗液要按使用说明规定比例稀释后使用。

2. 安装液

便于窗膜的滑动定位，其成分类似于婴儿香波，但是不含甘油、香精、色素及其他多余添加剂，因而不会影响安装胶的化学组成及车膜中金属层的长期稳定性，使窗膜与玻璃达到最大粘接强度。安装液也要按使用说明规定比例稀释后使用。

注意：旧清洗液和安装液的沉淀物和小颗粒会造成窗膜和玻璃之间的斑纹和畸变点，因此应每天清洗容器瓶并更换溶液。

（三）贴膜工艺

1. 热成型工艺

（1）热风机的使用。热风机上有两个挡位，用来调节加热速度快慢。还有一个温度调节旋钮，可以设定和调节烘烤温度的高低。在烤膜时，一般把温度调节到 200 °C 左右即可。

在热风机上还装有温度显示屏，能够显示热风机出口处的即时温度，便于操作者及时调整。

（2）湿烤膜工艺。需要热定型的膜在裁切时一定要竖裁（也就是说玻璃的横向与膜的卷曲方向一致），定型时将玻璃膜的保护膜朝外，铺于曲面玻璃的外侧，在玻璃膜和玻璃之间洒上安装液，用刮板将形成的褶皱调整成竖向的。采用温度可调的热风枪对玻璃膜进行加热，一边加热一边用塑料刮刀挤压玻璃上的气泡和水，使玻璃膜收缩变形，直至与玻璃的曲面完全贴合。需要特别留意的是，裁膜方向与褶皱调整方向要正确，否则窗膜不会收缩。并且加热要均匀，不要过分集中，否则温度太高有可能造成玻璃开裂。

（3）干烤膜工艺。当使用湿烤法的时候，由于水的存在，膜的温度无法升至 100 °C。只有当水完全蒸发后，温度升至烤枪的加热温度时，膜才会收缩。这样，当膜的下面存在少量水滴时就会出现不均匀收缩现象，极易造成皱褶。另外，湿烤法操作时间长，效率低，而且局部的集中加热容易导致玻璃破碎。

现在人们发明了干烤工艺，使用专用的干烤粉来进行窗膜的成型，能有效避免玻璃的破裂和其他问题。同时还提高了工作效率，一般用湿烤法 20 多分钟才能烤完的，用干烤法 5 min 左右就可以烤好。

2. 排水工艺

（1）刮水。刮水的目的在于通过去除玻璃表面的污水，达到清洁玻璃的作用。因此，刮水工具为带有软胶条的刮水板，它的胶条柔软、平整而光滑，可以贴合玻璃表面，方便地清洁黑色釉点区域、去雾线及其他表面凹凸区域，并且即使有杂质颗粒，也不会划伤玻璃表面。

（2）挤水。挤水的目的在于通过去除窗膜下面的液体达到缩短干燥周期、提高粘结强度的效果。所以挤水工具为坚韧、锋利、有弹性的挤水铲，它能最大限度地挤去安装液，提高工作效率。

注意：用力方向的把握，刮水板的用力方式为“拖”，挤水板的用力方式为“推”，刮水和挤水次序和路径要重叠有序地进行。

任务准备

（1）场地：理实一体化教室。

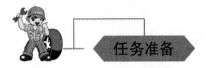

（2）器材：实训整车 2 台，工具 2 套，玻璃膜若干。

任务训练

一、汽车侧窗玻璃贴膜

从窗膜的选择、到窗膜的粘贴，再到交车，构成了窗膜施工的整个工艺流程。具体的施工工艺会根据不同的窗膜产品面有所不同，基本的工艺流程如图 7-2-7 所示。

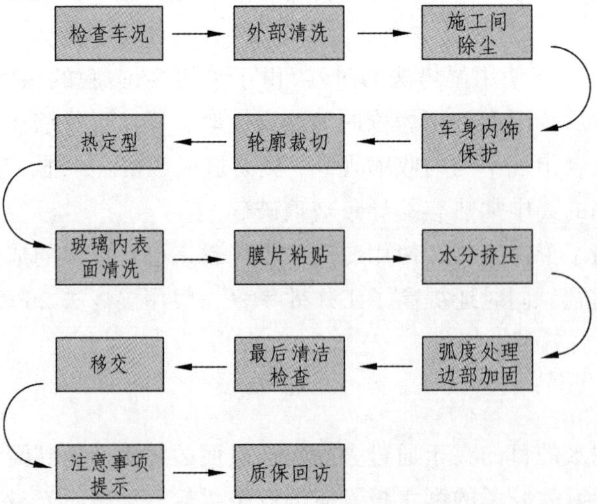

图 7-2-7　贴膜流程

（一）内饰和外部的保护

汽车内饰的保护尤为重要，否则清洗玻璃的溶剂会弄污内饰及渗进汽车的电控系统而导致开关失灵甚至局部短路，所以必须仔细做好车辆的外露电控开关和音箱的保护。方法为把较厚的浴巾遮盖在仪表台和后盖板上，车门内饰板、座椅、方向盘等也要做好适当防护。车身的外部也需要适当的防护，以免刮伤漆面。

（1）用直尺测量。侧窗顶部裁膜尺寸要大于原车窗玻璃边缘尺寸 5 cm 左右，两边要大于原车窗玻璃边缘尺寸 1 cm，底部在上膜时预留 1 ~ 2 cm 的余量。

（2）使用模板。有时为了工作方便也可以利用车窗形状的模板进行裁膜。

注意：无论用哪种方法测量车窗尺寸，都要在车窗玻璃外部测量。

（二）下　料

（1）如果玻璃弧度较大，需要烤膜定型，玻璃膜一定要选择竖裁，即玻璃长边与膜的卷起方向一致，定型时将褶皱都做在这个方向上。

（2）下料施工时，一定要在玻璃膜的透明保护膜一面操作，否则裁下来的窗膜形状会与玻璃形状相反。

（三）清　洁

1. 玻璃密封条清洁

汽车车窗玻璃密封条有胶边和毛边两种类型。

（1）胶边的两种清洁方法：用吹气风枪吹出藏于密封槽内的沙砾、杂物，或者向密封槽内喷洒适量清水，用直柄塑料刮板直接清理内槽。

注意：刮板要包覆一层擦拭纸，不要在一个方向来回擦拭，以免沙砾污垢黏附于擦拭纸后又被带回槽内，每刮一次要变换擦拭纸的清洁面。

（2）毛边的两种清洁方法：用 2 cm 宽的美纹纸贴住密封槽边上的内毡毛，或者将喷壶嘴调至最小出水量，喷洒少量清水在毡毛上，使毡毛稍微湿润，粘住毛体。

2. 玻璃外侧的清洁

在外侧玻璃上喷洒清洗液，用手抹一遍，因为手的敏感度最强，能感触到稍大的尘粒。遇到黏附较牢的污垢可用钢片刮刀清除，其他部位用擦拭纸清理。

（四）定型和修边

（1）将汽车玻璃膜平铺于玻璃外表面，保护膜朝外，注意窗膜边缘要平行于外部底边压条，并确保有足够余量（低于车内压条 3 ~ 6 mm）。

（2）将裁切刀换上崭新刀片，在一条边的角部将刀片的头部刺入汽车玻璃膜，刀片顶端靠住现成边框，利用窗框或胶条作引导进行切制。

（3）下部裁切完成后，将膜滑动到适当的位置，使用硬片挤水工具，在汽车玻璃膜上挤刮几下固定住整个膜。小心地将膜从底部揭起，然后降下车窗玻璃露出车窗玻璃顶部，利用玻璃的边缘进行顶边裁切。

（4）窗膜完全修整完成后转移到裁膜案板上，进行最后的修边。

注意：除个别车款，侧窗玻璃膜基本不需要加热定型，可直接覆在玻璃外侧上压刮定型。

（五）清洁玻璃内侧

玻璃的内侧面为真正的贴膜面，清洁一定要彻底，应按下列要求反复清洁。

（1）先对车厢内部空间喷洒细微的水雾，使空气中的尘埃沉聚下来，减少座椅和地板扬尘。

（2）在玻璃上喷洒清洗液，然后用手抹，检查和剔除稍大的尘粒，对于黏附得较牢的污垢和撕下的贴物残胶可用钢片刮刀去除。用硬质的直柄塑料刮板自上而下、由中间向两边清除玻璃上的灰尘，每刮扫一次必须用干净的擦蜡纸去除刮板上的污物。整幅玻璃每刮扫一遍，要用清洗液喷洒一次，最后用刮板刮除积水，确认玻璃已十分光滑干净、“一尘不染”时才可进行贴膜。

（六）剥离保护膜

（1）在玻璃内表面清洗完成后，将窗膜的保护膜撕开。为了更方便地将窗膜与保护膜分离，可以在玻璃膜双面粘贴胶带纸，利用胶带纸可以方便地将窗膜与保护膜分离。

（2）将保护膜与窗膜分离后，马上将安装液喷洒于暴露的安装胶上。喷完安装液以后，再将保护膜贴到玻璃膜上，防止沾染灰尘和杂物。

（七）窗膜的铺贴

侧门窗玻璃按性能划分有两种：防水玻璃（奔驰、宝马等）和不防水玻璃（多数普通车款）。

（1）防水玻璃上膜时，由于防水玻璃在喷水后水珠不会附着，水分流失快，故宜采用由下端向上贴法（好处是下端积聚水分较多，利于膜的移动）。

（2）不防水玻璃由于喷水后水珠附着，水分流失少，故通常采用由上端向下贴法。优点是能有效避免沙砾粘到膜上。

（八）排　水

（1）在每片窗膜固定于它的最终位置后，应立即在窗膜表面再次喷洒安装液，润滑需排水的表面。同时把保护膜粘贴到窗膜的背面。

（2）采用刮水工艺，在玻璃中间部位顺着玻璃的弧度方向进行一次排水，将玻璃膜固定在理想位置。

（3）从中间向两边，顺着玻璃的弧度，采用刮水工艺进行排水操作，直到将安装液基本排除，表面无明显气泡。

（4）取下保护膜，检查玻璃膜的安装情况。

（5）若边缘有气笋或局部安装液有残留，可使用小刮板，采用排水工艺进行修整。

注意：

① 防止刮板划伤玻璃膜，可以在刮板上垫层柔软的擦拭纸，再去进行排水。

② 少量残留的水分慢慢地透过窗膜而排除，窗膜干燥的时间依赖于气候、湿度、窗膜的结构和挤水后残留水分的多少而变化。

（九）清洁和检查

（1）当安装工作完成后，所有窗玻璃要仔细地清洁一遍， 去除条纹水迹和污迹。

（2）由于玻璃膜粘贴后，总会避免不了有少量的安装液残留，有时会在窗膜边缘部位产生气泡，可使用专用硬质挤水工具沿某一边缘排除贴胶问题。

（3）对于窗膜边缘不整齐部位，需要进行裁剪修整，保证整体美观。

（十）移　交

把汽车擦净后驶到室外，进行最后的视觉检查。在日光下检查没有任何缺陷后，准备提交汽车给客户，并向客户解释质量保证程序以及基本的保养和维护说明。

二、汽车前后风窗玻璃贴膜

1. 前后风窗玻璃的贴膜

前后风窗玻璃的贴膜基本流程与侧窗一样，只是由于几乎所有前后风窗玻璃都有不同程度的球形弯曲，妨碍窗膜在玻璃上铺平，产生褶皱。

（1）早期市场上弯弧玻璃需要多片贴膜拼接，这样接缝处会很难看。后改进为在电热丝处裁开，切口比前者隐蔽，但是操作时很容易把电热丝切断，使车子失去除霜去雪的功能。

（2）目前市场上流行的热整型方法，可以保证整张粘贴前后风窗玻璃膜。所以贴膜时的技术难点就是热成型，也就是说将平面的玻璃膜，通过加热定型的方法加工成与玻璃球面形状一致，才能进行整张粘贴。

球面明显的汽车前后风窗玻璃膜热成型时，首先要保证膜的质量要绝对好，贴膜技师的技术水平绝对高超。有时还需要进行多次热成型，才能使膜与玻璃形状一致。

2. 黑色釉点区域的处理

风窗玻璃内侧的黑色陶瓷釉点区域增加了施工难度。在安装过程中，随着安装液的蒸发，会在黑色釉点区域出现白边的现象，这是由于胶脱离了膜层而造成的。为了避免这种现象，可以先让膜干燥约一个小时，再用白尼龙布包裹硬挤水板，最后再包上一层纸巾，均匀有力地挤压贴膜的黑色釉点区域。也可以用刀片刮平，注意使用刀片时要十分小心，以防刮坏其他部位。

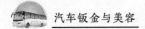

三、贴膜缺陷分析

在进行贴膜施工时，由于外部施工环境、施工人员技术、使用的工具以及使用窗膜的质量等原因，会造成各种贴膜缺陷。比如常见的沙砾问题、褶皱问题、不收缩或过度收缩问题和边缘修剪不齐问题等，应该针对不同的缺陷分析形成的原因，在以后的施工中尽量避免，使贴膜技术更上一层楼。贴膜中常见的缺陷如下：

（一）气　笋

窗膜排水后仍然存在像竹笋尖端一样的气泡，不与玻璃贴合，如图 7-2-8 所示。

图 7-2-8　气笋

1. 形成原因

（1）排水不彻底。

（2）窗膜成型不好，成型时没有跟车窗形状一致就急于粘贴。

2. 解决方法

（1）进行排水处理。

（2）轻微加热，并用刮板压实。

（3）在边缘部位进行固定，防止气笋重新出现。

（二）褶　皱

窗膜打褶，内部粘接在一起，无论如何刮平都无法消除。

1. 形成原因

（1）热成型过度，窗膜被烤焦。

（2）排水手法不正确，使窗膜打褶。
（3）剥离保护膜或铺贴窗膜时不小心，造成窗膜打褶。

2. 解决方法

换新膜，重新粘贴。

（三）边缘不齐

窗膜边缘与玻璃边缘距离不等，呈锯齿状或波浪状。

1. 形成原因

（1）裁膜时不细心，下刀不稳，下刀方向不对。
（2）裁膜刀过钝，撕扯窗膜。

2. 解决方法

（1）进行精细修整。
（2）修整后效果依然不好，或者边缘过大，则换新膜，重新粘贴。

（四）未修圆角

精细裁膜时不细心，窗膜拐角处没有修饰成圆弧状，在玻璃升降时容易被卷起。需要进行精细修整，做出圆角。

（五）划破窗膜

指窗膜在排水时被划出孔洞。

1. 形成原因

（1）排水工具没有磨光、磨平，有尖锐突出部位。
（2）玻璃没有清洗干净，有沙砾等杂物。
（3）排水时不细心，工具剐坏窗膜。

2. 解决方法

（1）换新膜，重新粘贴。
（2）排水工具要精心处理，刃口部位不能尖锐凸出。
（3）排水时要顺着玻璃的弧度施工。

（六）夹入杂物

窗膜与玻璃之间有异物夹入，这种缺陷是贴膜时最普遍的。形成原因多种多样，在整个贴膜过程中，任何一个环节没有注意都可能造成杂物夹入。常见的形成原因和解决方法归纳如下：

（1）工作环境的原因。许多贴膜场所没有密闭，有些在路边，大小汽车呼啸而过激起许多灰尘，有时风较大时也有灰尘，因此，当没有密闭室时必须关闭所有车门后才能进行贴膜。

玻璃洗好之后或拆开保护膜时不可让车外人员开关车门，有时用力关门会造成空气快速流动而带入大量灰尘或沙砾。

贴膜时要在室内进行，工作场所要进行除尘、防静电处理。有条件的最好建造专用的贴膜间，保证工作环境清洁。

（2）施工人员自身的原因。毛料衣服或粘有棉絮灰尘的衣服不适合在贴膜时穿着，因为，拆开玻璃膜透明部分的保护膜时会产生静电，衣服上的棉絮或羊毛等杂物会被静电吸附到膜上面。

注意：贴膜时，绝对不准戴线手套施工。

裁剪好的膜放置于汽车脚垫上、椅套上或放于车顶、引擎盖上，造成内外不干净；因静电关系拆开保护膜时附着在外表的灰尘也会吸至窗膜胶上面。因此，在未拆开透明保护膜时，必须在膜两面喷一些水，可有效防止灰尘及沙粒进入膜内。同时，最好将裁好的窗膜放到裁膜案板上。

（3）使用的清洗用品的原因。70%以上的施工人员直接使用未经过滤或沉淀的自来水贴膜，这样做是不正确的。因为自来水管里有许多杂质或沙砾，有时更换水管管路也会影响水质，因此，贴膜时所用的水定要经过过滤或沉淀，一定要保证清洗液洁净。

（4）车窗密封条内的脏物要彻底清除干净。

任务拓展

汽车膜十大品牌

一、3M

3M 公司创建于 1902 年，总部设在美国明苏达州的圣保罗市，是世界著名的产品多元化跨国企业。3M 公司素以勇于创新著称于世，汽车防爆膜产品繁多，在其百多年历史中开发了六万多种高品质产品，近百年来，3M 汽车防爆膜的产品已深入人们的生活，从家庭用品到医疗用品，从运输、建筑到商业、教育和电子、通信等各个领域。现代社会中，世界上有 50%的人每天直接或间接地接触到 3M 公司生产的汽车防爆膜产品。3M 在汽车防爆膜十大品牌排名第一，当之无愧。

二、雷　朋

雷朋汽车防爆膜的特点：

（1）整个产品线都是纯进口：雷朋所有的产品都是由美国和日本两家隔热膜工厂生产制造。坚持采用美国和日本进口的隔热膜，等于确保了雷朋产品在质量与效能上的绝对保障。

（2）雷朋在中国各地采用的是直营分公司的形式，而不是像其他汽车防爆膜品牌采用区域代理商的形式，可以在对终端消费者服务的即时性和全面性方面，提供更好的保障。

（3）在科技含量方面，雷朋的 LB-895 和 LB-915 并不以金属为隔热材质，所以完全不会屏蔽手机、汽车遥控器、卫星导航、ETC 等光学信号的接收，做到高隔热又不含金属成份的。还有它的内反光率非常低，并有着极佳的单向透视性。目前，全国“雷朋”特约经销商已突破 10000 家，并先后成为各大名牌汽车 4S 店的指定贴膜品牌。

三、联　邦

A&B films pte Ltd 成立于 1979 年，主要生产基地位于美国加州，是全球著名的防爆隔热膜供应商之一。也是 AIMCAL（美国工业金属化涂布复合协会）、IWFA（国际窗膜协会）、EWFA（欧洲窗膜协会）重要成员，企业通过 ISO9001：2000 国际认证及 UKAS（英国皇家认可委员会）认证、SEMA（专业设备工业联合会）认证。A&B 拥有 30 年的成功经营管理经验，企业实力雄厚，发展速度极快，现已成为紧贴行业市场，专注于隔热膜研发和生产的全球著名供应商，旗下拥有 ATI 联邦、Classis、SOLAR MASTER 等国际知名品牌，业务遍布全球。

全球隔热膜专业品牌——联邦汽车膜采用领先的磁控溅射（Sputter Coating）技术制造而成，不仅加强了车膜传统的防晒、隔热（节能）、安全功能，而且更注重了车主更高层次的需求——健康、环保、美观。联邦自进入中国市场以来，以其非凡的品质和卓越的性能，迅速赢得了广大消费者的青睐，现已广泛应用于汽车、银行、住宅、建筑等行业。在汽车防爆膜十大品牌排名前列。

2012 年联邦凭借采用含铟锡氧化物高科技材料使用磁控溅射工艺制造的高端前挡 A01、A06，推动健康贴膜的新趋势，赢得市场的青睐。得到广大消费者的认可。

四、强　生

美国 Johnson（强生）玻璃膜公司，1960 年成立，总部位于美国加州卡桑市，是世界上最早从事玻璃膜生产的制造商之一，公认的行业领袖和开拓者。

美国 JOHNSON（强生）玻璃贴膜公司，是世界贴膜协会的倡导者和重要成员，Johnson（强生）玻璃膜公司是加利福尼亚州商业协会、美国南部优秀企业和以下专业协会的荣誉会员：国际窗膜协会、工业金属涂层协会、英国玻璃门窗协会、汽车专用设备市场协会玻璃、门窗防护委员会和英国玻璃门窗协会等。美国 Johnson（强生）玻璃膜公司的全称为美国 Johnson（强生）层压和涂层技术有限公司（Johnson laminating&CoatingInc）。自 20 世纪 50 年代开始，就致力于发展超安全、超设计的玻璃贴膜，每年的生产以 50%的惊人速度增长，其产品的品质一直处于世界领先地位。目前，在美国有 30 多家分公司，并且已占据美国本土 75%的市场；同时，在世界五十多个国家设立了分支机构。1999 年，强生公司又对其生产线进行了大规模的技术改造，使其产品质量更出色，产量也翻了一番。

今天，Johnson（强生）玻璃膜不仅在美国本土采用直接生产方式，还通过特定代理商和零售商把这种先进的营销模式带向全球。

五、威　固

威固（V-KOOL）光谱选择性技术是建立在麻省理工学院（MIT）1970 年代的研究基础上的。当时他们开始了透明节能膜的研发。表面与粒子科技的重大突破导致威固（V-KOOL）专利的和拥有知识产权的技术以及后来光谱选择性镀膜的成功开发。作为世界上第一个，也是唯一一款光谱选择性窗膜为汽车与建筑应用提供了一个实际上透明的，能有效阻挡太阳热与辐射的防护壁垒。威固立刻就席卷了整个窗膜工业，并于 1999 年被世界最大科技杂志《大众科学》评选为千年来的百大发明之一而享誉世界。同时当选的都是对人类生活有重大影响的技术发明，如：计算机、互联网、罐头食品、空调系统及电话等。

六、龙　膜

美国龙膜 LLumar，全球备受瞩目的高性能建筑玻璃膜品牌，是由世界上大型的窗膜生产商首诺公司生产。首诺公司以其领先的技术研发、卓越的生产能力、广泛的全球分销以及无与伦比的客户服务水平而著称于世。美国龙膜首诺功能膜工厂占地 80 万平方英尺，位于美国弗吉尼亚州的马庭斯维尔，年产量超过 7.5 亿平方英尺，拥有 4 家世界一流的工厂，是全球唯一一家拥有全部生产工艺和生产设备的建筑玻璃膜生产供应商。

美国龙膜首诺公司生产和销售各种汽车膜、建筑膜、安全膜、装饰膜和特殊用途的各种窗膜；首诺公司旗下包括 LLumar 龙膜在内的众多窗膜品牌，居于全球销量首位，高于世界窗膜协会其他几家成员的销量之和，并且是世界是很多知名建筑玻璃膜品牌的基片或半成品的供应商，拥有业内最强的玻璃膜技术研发中心。

经过 50 多年的发展，首诺公司提供的以 LLumar 龙膜为代表的系列产品为改善玻璃的隔热安全提供完全的解决方案，每一天都在为客户提供更加节能、安全、舒适的生活空间，并以领先的技术实力，杰出的制造能力，先进的全球配送和服务网络，成为窗膜行业的领袖。

七、杜　邦

DoBonS Film（中文译名：杜邦圣膜）是杜邦集团旗下子公司——杜邦帝人薄膜公司（DuPont Teijin FilmS）开发的一种纯金属溅射汽车隔热膜，它是在1937—1938年杜邦工作室研究人员发明了一种用于汽车安全玻璃的新塑料杜邦® Bautacite® PVB中间膜，1952年杜邦开发出一种特别结实、耐用的塑料薄膜杜邦® MYLAR® 聚酯薄膜，后期被世界众多知名太阳膜膜业公司加以运用，目前杜邦基膜是世界上最大的基础膜供应商。杜邦帝人薄膜公司在杜邦原厂特制的基膜上运用Sputter多层纯金属合金溅射技术研制生产。

杜邦每款高素质 DoBons 汽车防爆膜的色调都是根据人类视觉美感而调配的，因此安装上 DoBons Film（杜邦圣膜）产品的汽车，不仅驾驶更安全、乘坐更舒适，而且外观优美均匀，让您真正拥有路途上梦寐以求的驾乘享受。

杜邦膜产品具有如下一些优势：

1. 安　全

DoBonS Film 独有的高分子聚酯技术，使其具有超强的防爆性能，优越的延展性大大增强了玻璃的瞬间抗击打强度。据统计各种车祸中60%的伤害都是有玻璃碎片造成的，汽车玻璃特别是前挡玻璃的装贴，能有效防止因交通事故造成玻璃碎片飞溅所带来的二次伤害，保障车内人员安全。DoBonS Film 高达90%的透视率兼具70%的高隔热，在隔热膜技术领域具有领先地位，让仿制者望尘莫及，装贴之后的这种前挡坡璃更清晰更安全。

2. 高效保护车内

没有装贴太阳膜的车内仪表台、真皮座椅、车内装饰材料以及车内驾、乘人员会受到太阳光高辐射的灼热感、有害的紫外线会辐射伤身体皮肤，令车内以上部品材料产生发黄、龟裂、爆皮等情况的发生。装贴 DoBonS Film 的爱车可以有效防止或减轻上述情况的发生。

3. 省　油

DoBonS Film 在装贴后可以大大提高空调效率，使车内降温更迅速，使汽车空调泵工作时间更短、有效节省燃油。

4. 时尚、舒适

DoBonS Film 的颜色丰富，可供不同品味顾客选择，而且每款颜色都严格根据人体视觉而筛选，确保驾驶舒适、心情愉悦。热卖型号：S1000、PT919、S600、S200、S500、K68、K08、V30。

5. 高效耐磨、耐用、持久

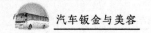

DoBonS Film 采用了行业内的核心多层纯金属溅射技术制造（Sputter 技术）使其色泽历久常新、坚固耐用。

3. 使用放心

目前市场上的太阳膜品牌鱼龙混杂，尤其在国内市场，很多厂家、经销商、零售店为谋取暴利，在给车主装贴时很难提供出齐全的证件、程序、专业度等的保障，DoBonS Film 专业的形象展示、专业的施工软硬设施、专业的授权程序、首创的网上 8 年质保及查询系统可以全方位的保障经销商、零售商、车主的利益，让经销商、零售商赚良心钱，使车主明明白白消费，放心、安心地使用。

八、FSK

FSK 汽车防爆膜日本总公司（LINTEC 株式会社）位于日本东京都，拥有七十多年生产胶膜历史、三十七家国内外子公司，在全球黏着制品的领域上是首屈一指的公司。所提供的系列产品包括：薄膜、标签专用的黏着纸、黏着胶膜或是包装用胶带、建材装潢用材、汽车相关产品、半导体制程相关胶带、光学机能性胶膜、保健相关产品等等，所含括的领域相当多元也相当丰富。LINTEC 株式会社拥有精密涂布技术以及专业研究所，所开发生产之窗户隔热膜具高透明、高断热、易施工特性，以优越的产品性能及专业质量闻名全球。

九、贝卡尔特-量子膜

采用最清晰的透明薄膜,美国的杜邦与日本的三菱化工都是量子膜的原料供应商。运用美国航天磁控溅射技术将薄膜的表面镀上特殊合金涂层，使得量子膜在外观上能搭配任何颜色的车，保持长时间不变色，不退色。此外公司特殊调制的安装胶能与玻璃密切的结合，不易自行剥落或起泡。最好的原料与最高端工艺结合产生的量子膜，以钻石 70 为代表，不仅隔热超强，而且无比清晰，完全有别于市面上的次等产品。

十、美装膜

美装膜产品研发于 1979 年，产品取材自稀有材料——ITO.ATO，该材料为航天工业、微电子科技专用材料，采用尖端金属磁控溅技术、独创 SWARODURE 技术，ITO.ATO 纳米陶瓷工艺保障 GPS 信号。美装膜广泛用于汽车、大厦玻璃之外，还普遍应用于液晶显示器、等离子电视、ATM 触摸屏等（生产技术研发）。

参考文献

[1] 许平. 汽车钣金与美容[M]. 北京：中国劳动社会保障出版社，2008.
[2] 邱英杰. 汽车钣金涂装装潢与美容[M]. 北京：机械工业出版社，2009.
[3] 陈均. 汽车钣金[M]. 2 版. 北京：电子工业出版社，2012.
[4] 余书鸿. 汽车钣金[M]. 成都：电子科技大学出版社，2015.
[5] 谢伟钢. 汽车钣金技术[M]. 北京：人民交通出版社，2012.
[6] 周贺，陈明福. 汽车钣金与喷漆[M]. 2 版. 北京：北京理工大学出版社，2017.
[7] 温锦文，苏州. 汽车钣金涂装美容[M]. 北京：人民邮电出版社，2013.
[8] 瞿炳华，梁超. 看图学汽车钣金与喷漆[M]. 北京：化学工业出版社，2014.
[9] 刘建华. 汽车钣金基础工艺与设备[M]. 北京：机械工业出版社，2010.
[10] 周燕. 汽车美容装饰与钣金修复[M]. 北京：机械工业出版社，2012.